Rolande a Didier

l'univers du

Champagne

Si vous souhaitez recevoir notre catalogue
et être tenu au courant de nos publications,
envoyez-nous vos nom et adresse, en citant
ce livre et en précisant les domaines
qui vous intéressent.

Éditions SOLAR
12, avenue d'Italie
75013 PARIS

site Internet : www.solar.tm.fr

ISBN : 2-263-02927-3
Code éditeur : S 02927
Dépôt légal : septembre 1999

Imprimé en Espagne

l'univers du
Champagne

Textes : Frédérique Crestin-Billet
Photographies : Dominique Pascal

Solar

Sommaire

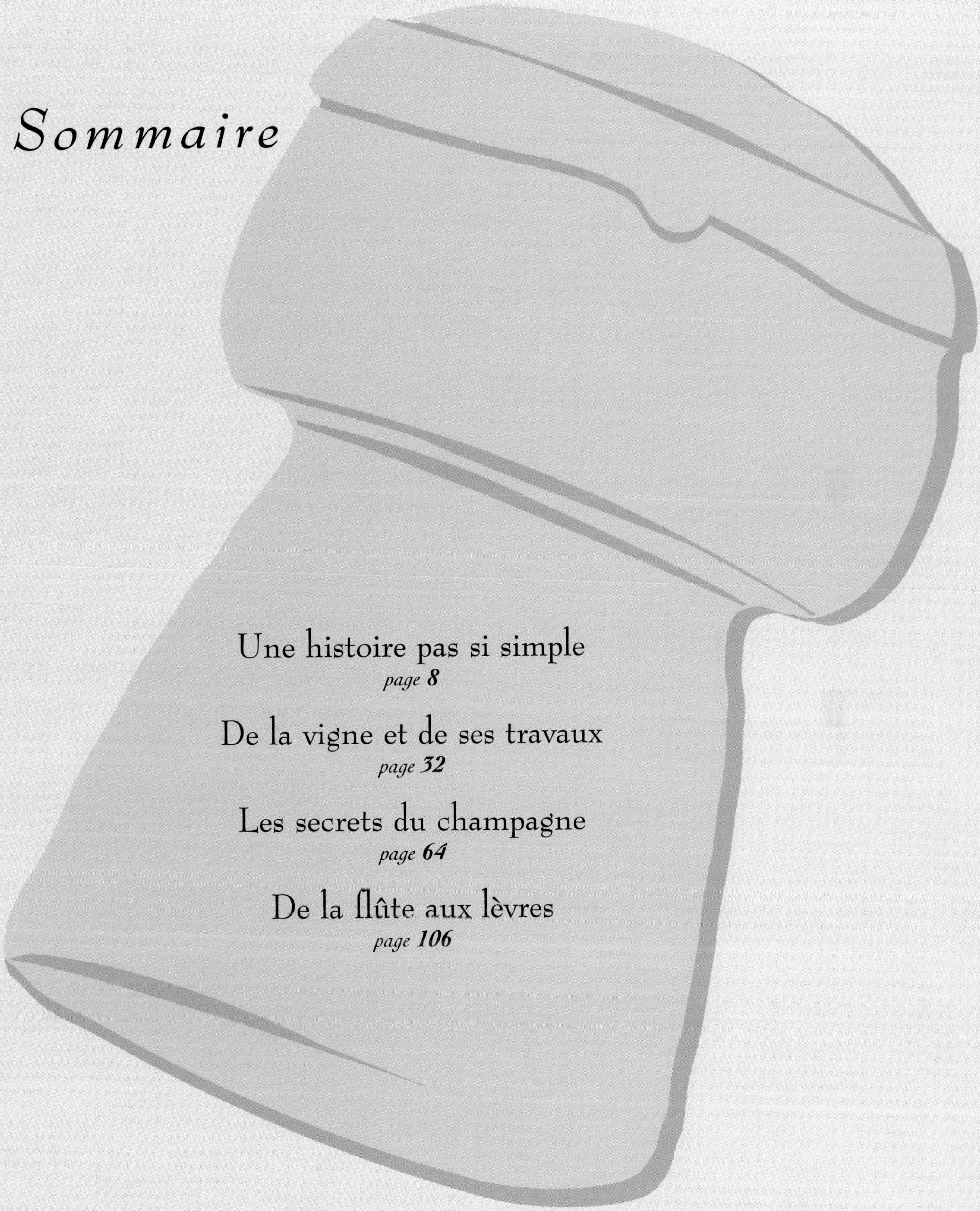

Introduction

Vérité première mais qu'il n'est peut-être pas inutile de répéter : le champagne est bien un vin ! Et c'est même le vin français dont l'histoire est probablement l'une des plus riches, même si tout n'est pas encore expliqué quant à l'apparition de la mousse. Le sera-ce d'ailleurs un jour ? Peut-être est-il souhaitable qu'il subsiste un peu de mystère, pour entretenir le mythe. Mais, puisque mythe il y a, la réputation de ce vin n'est pas usurpée : une réglementation ancienne, solide, sévère, à laquelle des pierres s'ajoutent sans cesse, régit la culture de ses vignobles et tous les stades de son élaboration. Des usages « locaux, loyaux et constants », qui ont su cependant s'ouvrir et s'adapter aux techniques modernes. Fi des nostalgiques ! Les champagnes produits aujourd'hui sont, sans aucune contestation possible, cent coudées au-dessus de ceux que l'on pouvait boire ne serait-ce qu'au début du siècle. Et l'univers champenois bouge : les grandes maisons traditionnelles se regroupent pour affronter l'économie mondiale, certaines d'entre elles sont même très inventives et très dynamiques dans leur communication. À côté de ces grands classiques, de nouvelles maisons voient le jour et ne sont pas en reste quant à la qualité des vins qu'elles proposent. Voici donc un univers du champagne qui ne se veut pas exhaustif (il faudrait des milliers de pages !) mais qui tente, en éclairant certains points particuliers, en montrant certains documents inédits, de faire pénétrer un peu plus l'amateur dans l'histoire et dans l'intimité d'un vin exceptionnel.

ANGLIÆ PARS
PAS de CALAIS
LA MANCHE
FLANDRIA
Lille
Arras
Amiens
PICARDIA
Rouen
Reims
Caen
Lisieux
NORMANDIE
FRANCE
Marne
Épernay
ISLE de FRANCE
PARIS
CHAMPAGNE
Avranche
Brest
Dinan
Renes
BRETAGNE
Quimber
Le Mans
MAINE
Troye
BEAUCE
ORLEANS
Loir
Vouvray
Tours
Auxerre
Chablis
Muscadet
ANJOU
NANTES
Loire
Saumur
ORLEANOIS
Coteaux de TOURAINE
Coteaux du LAYON
Sancerre
Pouilly S/Loire
Bourges
BERRY
Nevers
BOURGOGNE
Pommard
Volnay
Meursault
Montrachet
POITOU
Poitiers
La Rochelle
Macon
Pouilly Fuissé
BEAUJOLOIS
LYONNOIS
Limoges
Clermont
OCEANUS AQUITANICUS
Cognac
Grande Champagne
Perigord
LIMOSIN
AUVERGNE
Côtes Rôties
Perigeux
Medoc
Bourdeaux
Pomerol
Bergerac
Graves
Pessac
St Emilion
Monbazillac
Orillac
St Fleur
Le Puy
GUYENNE
Bourdelois
ENTRE DEUX MERS
St Peray
Sauternes
Lot
CÔTES DU RHONE
Garonne
Condom
Tavel
Dax
ARMAGNAC
Alby
Montpellier
Minervois
GASCOGNE
Toulouse
LANGUEDOC
Frontignan
Pau
BEARN
Béziers
Narbonne
JURANÇON
Carcassonne
CORBIERES

Une histoire pas si simple

Durocortorum,

capitale de la Gaule belgique

Au début de notre ère, la ville de Reims était la cité des Rèmes, alliés des Romains, et se nommait *Durocortorum*. Elle était la métropole de la province romaine de Belgique. C'est de cette époque que datent les fameuses « crayères », chantiers d'extraction de la craie, un matériau largement présent dans le sous-sol champenois et employé pour la construction des voies romaines, des maisons et des monuments. Aujourd'hui encore, ces crayères sont utilisées comme caves par plusieurs maisons de champagne rémoises. Quant à la vigne, on situe son arrivée en Champagne aux environs du Ve siècle après J.-C., grâce à une extension progressive des vignobles de Bourgogne et de Moselle, plantés vers le IIIe siècle.

Nicolas Ruinart, fondateur de la maison Ruinart en 1729, fut le premier à venir sur la butte Saint-Nicaise à Reims, saisissant immédiatement l'intérêt qu'il aurait d'y installer ses caves. Il négocia avec la ville le droit d'utiliser quelque cent vingt crayères, à l'abandon depuis quinze siècles. D'autres maisons le rejoignirent par la suite. Ces caves sont aujourd'hui classées monuments historiques.

LES CRAYÈRES ROMAINES

Les premières extractions de craie se faisaient à ciel ouvert, mais la pluie, le gel et le froid les rendirent vite difficiles. Pour se protéger des intempéries, les Romains creusèrent d'abord des puits de 5 mètres de profondeur environ. Ensuite, la carrière était élargie, pouvant atteindre jusqu'à 35 mètres au-dessous du niveau du sol, formant ainsi de véritables cathédrales souterraines.

L'Ère des abbayes

À partir du VIIᵉ siècle, suivant en cela l'impulsion donnée quelques décennies plus tôt par saint Benoît, de nombreuses abbayes s'installent en Champagne : Saint-Remi à Reims, Saint-Pierre à Hautvillers, Saint-Thierry près de Reims, pour les plus importantes. Les moines défrichent les forêts et plantent de la vigne aux alentours de Châlons-sur-Marne, de Vertus, de Verzy, d'Avenay, puis, un peu plus tard, d'Épernay, de Tours-sur-Marne... Dès cette époque, la vigne prend une importance considérable parmi les cultures monastiques : pour se pourvoir en vin de messe, mais aussi, à une époque où les auberges n'existaient pas, pour offrir l'hospitalité aux voyageurs, ou aux princes et seigneurs qui leur rendaient visite. Et le pot de vin faisait partie intégrante de cette hospitalité. En outre, le vin, dont les surplus étaient vendus à l'aristocratie citadine, se mit peu à peu à représenter pour les abbayes une source de revenus non négligeable. Envieux du prestige que tiraient l'évêque de Reims et les abbayes champenoises de leur production viticole, nobles et bourgeois développèrent à leur tour la culture de la vigne sur leurs terres.
Les vignobles, ecclésiastiques et laïcs, s'étendaient principalement autour de Reims et d'Épernay et, dans une moindre mesure, autour de Châlons, Sainte-Menehould et Vitry-le-François. La délimitation géographique étant, bien évidemment, moins précise qu'elle ne l'est aujourd'hui, on peut inclure dans ce que l'on nommait alors les « vins de France » les régions correspondant à l'actuel département de l'Aube, ainsi que les productions de très nombreuses communes faisant aujourd'hui partie de la banlieue parisienne comme Lagny ou encore Nogent-sur-Marne, ainsi que celles des vallées supérieures de la Seine. Certes, le vignoble connaîtra par la suite de notables variations de superficie, mais on peut considérer qu'à la fin du XIIᵉ siècle, la Champagne est déjà une province à forte vocation viticole.

LES VINS DE FRANCE

Jusqu'à la Révolution, on désignait sous le terme de « vins de France » tous les vins produits dans un rayon d'une centaine de kilomètres autour de Paris, c'est-à-dire les vins issus de l'Île-de-France, région alors plus vaste qu'aujourd'hui. Le mot « France » ne prendra le sens national que nous lui connaissons qu'à partir du XVIᵉ siècle. Cependant, dès l'époque d'Henri IV (1553-1610), les vins de la Marne se détachent peu à peu des « vins français » pour devenir les « vins de Champagne ».

L'abbaye de Saint-Thierry, dont la production viticole fut l'une des premières à se distinguer. La maison Veuve Clicquot ne s'y est pas trompée, en rachetant il y a une dizaine d'années une partie des anciens vignobles ayant appartenu à l'abbaye.

L'abbaye Saint-Pierre d'Hautvillers, qui appartient aujourd'hui à la maison Moët & Chandon. Elle fut fondée au VIIe siècle, mais sa destruction totale, en 1563, obligea les moines à se réfugier à Reims pendant une quarantaine d'années.

Les Vins de rivière

Le village d'Ay, d'où provenaient les vins connus comme « délicats et excellents », qui furent les premiers vins de Champagne à être célèbres. On dit que différentes personnalités y possédaient des vignobles. Henri IV lui-même y aurait eu son propre vendangeoir (ci-dessus).

Du début du XIVe au début du XVIIe siècle, guerre de Cent Ans, guerres de Religion, guerre de Trente Ans ne laisseront que de courtes périodes de répit, au cours desquelles le vignoble gagnera presque toujours en superficie, pour en reperdre pendant les temps plus troublés. Mais quelles que fussent les difficultés, famines, épidémies, le vignoble restera solidement accroché à ses coteaux. Un changement de structure du vignoble va s'opérer : il n'est plus seulement l'apanage de l'Église et des aristocrates exploitant de vastes domaines. En effet, la noblesse, appauvrie par les guerres, a été contrainte de céder des terres, parcelles par parcelles, à de petits vignerons indépendants (ces derniers étant d'ailleurs souvent les métayers des anciens propriétaires).

On ne parle pourtant pas encore de « vins de Champagne », puisque cette dénomination ne deviendra courante qu'à la fin du XVIIe siècle. La production comprend plus de vins rouges que de vins blancs. Et ces vins sont peu colorés, ce qui est considéré comme un handicap par rapport aux vins rouges de Bourgogne. Ces derniers, que l'on appelait d'ailleurs plus volontiers les « vins de Beaune », étaient très en vogue à l'époque et constituaient une sorte d'étalon. Et plus encore en Champagne qu'ailleurs, car la ville de Reims, point de passage obligé sur les grandes routes marchandes menant de la Flandre à la Bourgogne, voyait souvent passer ces fameux vins rouges bourguignons, quand elle ne leur servait pas d'entrepôt.

On dénomme alors les vins rouges comme les vins blancs sous le nom de « vins de rivière », terme qui pouvait d'ailleurs très bien englober les vins produits sur les bords de la Seine. Seul un village est parfois nommément désigné : Ay. Située plus au nord, la Montagne de Reims, qui est aujourd'hui un des grands terroirs de production, n'a pas encore acquis sa renommée. Les récoltes y sont plus tardives et donnent des vins « petits en qualité ». Il faudra attendre le courant du XVIIe siècle pour que s'y amorce une nette remontée qualitative, dont Verzenay sera reconnu comme l'un des chefs de file. À cette même époque, les productions se spécialisent, les vins de rivière deviennent de plus en plus souvent des vins blancs, tandis que les vins de la Montagne sont des vins rouges. Ce contraste subsiste de nos jours, où le pinot noir domine dans la Montagne, tandis que la bien nommée Côte des Blancs s'étend au sud d'Épernay.

LES CÉPAGES ANCIENS

Au XVIIe siècle, les cépages étaient nombreux dans les vignobles et il n'était d'ailleurs pas rare que ces derniers soient complantés de cépages rouges et de cépages blancs, mélangés ou non au moment du pressurage. Parmi les cépages blancs, on trouvait le morillon blanc, le gouest (ou gouais), le meslier ou encore l'arbanne. Pour les noirs, le morillon noir, le morillon taconné ou encore le gouais noir, un cépage médiocre mais résistant et à fort rendement. Il existait aussi un cépage d'une couleur intermédiaire, le fromenteau, duquel, selon la manière de pressurer et la durée de la cuvaison, on obtenait des vins pouvant aller du blanc au rouge.

En 1588, Julien Le Paulmier, médecin et auteur d'un Traité du vin, *écrivait : « Le vin d'Aï est de déliée et subtile matière, plaisant à boire, facile de digestion et de prompte distribution qui fait que les roys et princes en font souvent leur breuvage ordinaire... » Preuve s'il était besoin de la renommée acquise par les vins d'Ay.*

Les Vins
gris

Si, en ce début du XVIIe siècle, les vins de Champagne commencent à acquérir une certaine notoriété, il n'ont encore aucun point commun avec le champagne actuel. Ce sont, sauf accident, des vins tranquilles rouges, blancs ou gris. Ces derniers sont obtenus à partir de cépages rouges à chair blanche, et on s'aperçoit qu'ils donnent des vins supérieurs en qualité aux autres cépages. Une constatation qui sera d'une importance capitale pour la suite de l'histoire du champagne. Certains vignerons commencent aussi à se rendre compte qu'ils obtiennent de meilleurs résultats en plantant de bons cépages, tandis que d'autres découvrent que les vins sont de meilleure qualité lorsqu'ils vendangent des raisins sains et mûrs. Toutes les opérations relatives aux vinifications restent évidemment d'un grand empirisme. On ne savait pas, par exemple, que l'un des grands ennemis du vin est l'air et qu'un contact prolongé avec ce dernier provoque une oxydation qui, au mieux lui fait perdre certaines de ses qualités, au pire le rend imbuvable. Or, les soutirages (le fait de transvaser le vin d'une barrique à une autre) étaient quelquefois multipliés dans le but de clarifier des vins troubles – il n'est pas certain que des vins produits aujourd'hui, même d'une excellente qualité, à qui l'on ferait subir les traitements de l'époque soient finalement buvables ! La qualité du vin pouvait aussi être altérée par diverses manipulations auxquelles se livraient les vignerons : dans le but de sauver une récolte qui avait mal tourné, certains n'hésitaient pas à faire toutes sortes de mélanges. À commencer par l'adjonction de baies de sureau, réputées pour donner du corps et du sang à des vins rouges faibles. Mais aussi des vins de l'année précédente ou des vins d'autres régions pour « affermir des vins faibles et sans esprit », quand ce n'était pas de l'alun, du tartre ou autres produits du même acabit. Ces pratiques n'étaient pas l'apanage des producteurs champenois : tous les viticulteurs de tous les vignobles étaient dans le même état d'ignorance œnologique.

Pourtant, certaines années, si toutes les conditions étaient réunies, on pouvait obtenir de très bons vins. Il serait sans doute un peu injuste de dire que cela n'était dû qu'au hasard, mais ce ne serait pourtant pas si loin de la vérité.

LES ROIS DE FRANCE ET LE CHAMPAGNE

Si les rois de France vinrent régulièrement se faire sacrer à Reims à partir du XIIe siècle, les vins servis lors de ces événements ne furent pas toujours exclusivement des vins de Champagne. La première trace incontestable date de 1322, lors du sacre de Charles IV, où plus de soixante-dix tonneaux de vins de rivière furent offerts ou vendus. Plus de trois siècles plus tard, lors du sacre de Louis XIV en 1654, les vins de « Silleri, d'Hautvillers, de Versenai et plusieurs autres territoires voisins » furent largement appréciés. Mais tout roi qu'il fût, c'étaient encore des vins tranquilles qu'apprécia Louis XIV et pas seulement lors de son sacre, puisque le marquis de Dangeau écrivait dans son *Journal*, à la date du 16 octobre 1695 : « Le roi, qui n'avoit jamais bu que du vin de Champagne, l'a quitté entièrement pour boire du vin de Bourgogne, par l'avis de M. Fagon. »

Ci-contre, la cathédrale de Reims et, ci-dessous, un plan de la ville de Reims au XVIIe siècle.

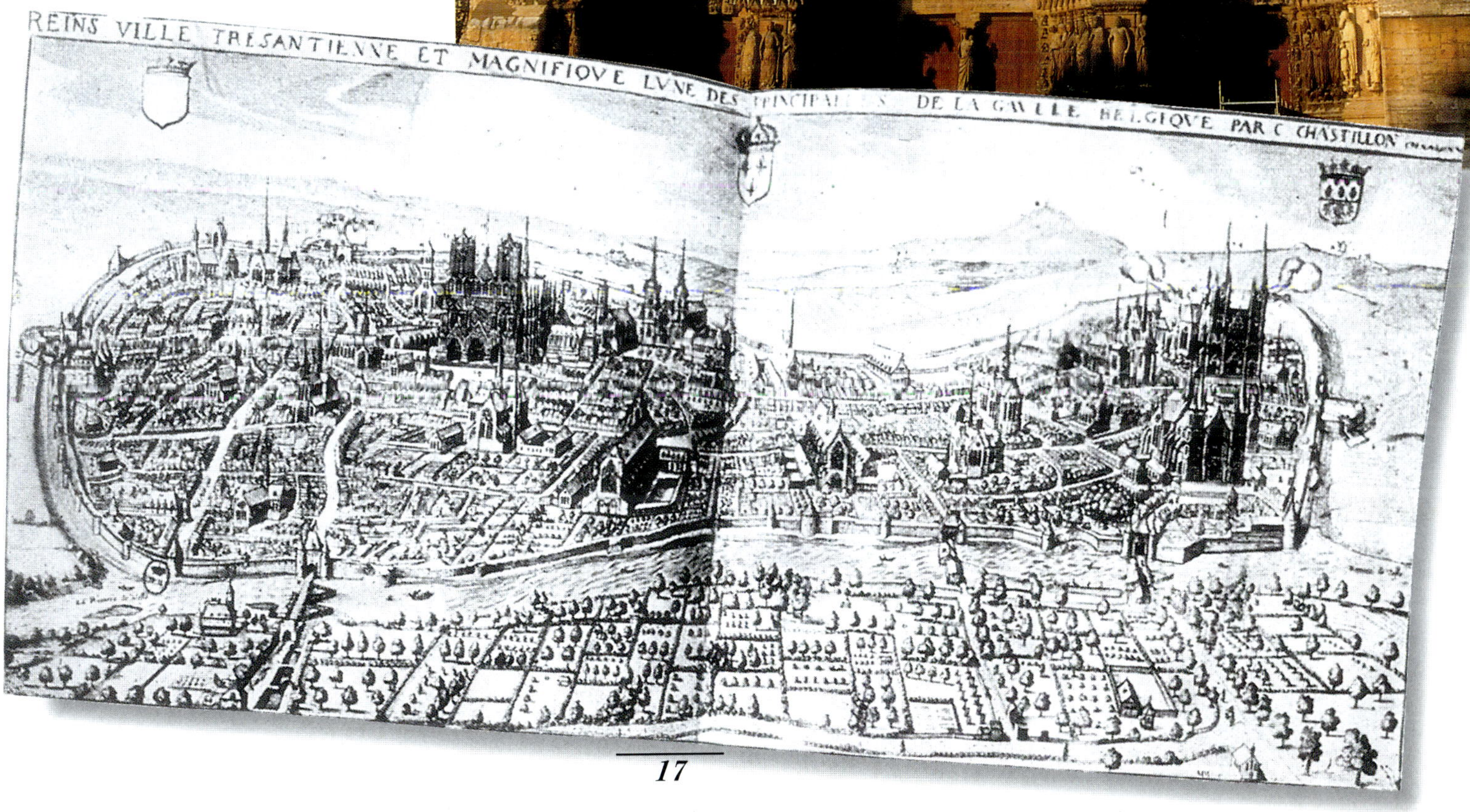

La Légende de dom Pérignon

C'est dans un contexte où les vins de Champagne, en tant que vins tranquilles, ont déjà acquis une bonne notoriété qu'apparaît le célèbre procureur de l'abbaye bénédictine d'Hautvillers : dom Pierre Pérignon. Exact contemporain de Louis XIV, puisque né quatre mois après lui, le 15 janvier 1638, et mort treize jours après, le 14 septembre 1715, beaucoup de mérites lui ont été faussement attribués et, paradoxalement, il ne lui est pas vraiment rendu hommage pour la voie qu'il a ouverte et qui était très novatrice pour son époque : un souci constant de qualité de ses vins.
Disons-le tout net, dom Pérignon n'a pas inventé la mousse du champagne et il y a même fort à parier que de la mousse, il n'en vit peut-être même jamais de sa vie !

e Petit Journal
SUPPLÉMENT ILLUSTRÉ 5 CENT.
5 CENT. Numéro 1.230
DIMANCHE 14 JUIN 1914

UN BICENTENAIRE
Il y a exactement deux cents ans que Dom Pérignon, moine bénédictin de Hautvillers, découvrit l'art de faire mousser le vin de Champagne

D'OÙ VIENT DONC L'ERREUR ?

Cette couverture du *Petit Journal*, daté du 14 juin 1914, annonce sans ambages : « Il y a exactement deux cents ans que dom Pérignon découvrit l'art de faire mousser le vin de Champagne », ce qui, naturellement, n'est pas exact. L'apparition de la mousse est postérieure à la disparition du moine. Par ailleurs, la mousse n'est pas apparue à une date précise mais fut un phénomène lent à apprivoiser. En fait, cette légende de l'invention du champagne mousseux par le moine bénédictin vient pour partie des assertions d'un autre moine, le père Grossard, qui n'y entendait pas grand-chose en vins et qui parle, un siècle après la disparition de dom Pérignon, de faits dont il n'a pas été le témoin.

Ces affirmations furent reprises, sans vérifications préalables, par divers auteurs des XVIIIe et XIXe siècles. Il faut dire que, dans le contexte de l'époque, il s'avéra intellectuellement réconfortant de pouvoir adjoindre un nom précis à cette « invention ».
À cela s'ajoute le fait que l'étude historique sérieuse des vignobles et des différentes manières d'obtenir les vins est une science récente, qui date d'une trentaine d'années tout au plus. À peine moins que l'existence de l'œnologie moderne : les appellations d'origine contrôlées n'existent en France que depuis une soixantaine d'années. L'appellation champagne, qui fut une des premières, ne date que de 1936.

Parmi les trouvailles faussement attribuées à dom Pérignon, il faut aussi citer l'utilisation des bouchons de liège. Il existe en effet des traces de l'utilisation du liège en Champagne avant l'arrivée du moine cellérier à Hautvillers. On affirma aussi qu'il était l'inventeur de la flûte à champagne…

Si l'image de dom Pérignon a été beaucoup utilisée par la Champagne en général, il n'existe en revanche qu'une seule cuvée portant ce nom. Elle fut lancée par Moët & Chandon en 1936.

Qu'il ne soit pas l'inventeur de la mousse n'enlève rien au fait que dom Pérignon était un personnage extraordinaire : il fut le premier à comprendre, et à appliquer, des préceptes qui constituent, aujourd'hui encore, certains des fondements de la viticulture moderne. Ainsi, il opéra une sélection draconienne des cépages qu'il utilisait, ne choisissant que ceux à peau noire et à jus blanc. Les vendanges devaient cesser si la chaleur était excessive, afin que les raisins ne s'échauffent pas (il n'était évidemment pas question encore de la maîtrise de la température des moûts, telle qu'elle est appliquée de nos jours, cette observation était donc capitale). Pas question non plus de mettre au pressoir des raisins verts. S'il le fallait, les parcelles étaient vendangées en plusieurs passages, de manière à ne ramasser qu'à la maturité optimale. Aucune faiblesse non plus pour les raisins pourris, qui étaient écartés sans la moindre hésitation. Mais là où l'art de dom Pérignon est resté légendaire, et cette fois-ci le terme est pleinement justifié, c'est qu'il avait compris qu'en assemblant des cépages de différentes provenances, il y avait moyen d'obtenir une qualité supérieure. Il ne pratiquait pas les assemblages de vins comme on le fait aujourd'hui, mais il jeta tout de même les bases de l'une des règles d'or de l'élaboration du champagne. Avec l'expérience, il apprit aussi à manier avec art les délicates opérations de soutirage et de collage (l'élimination des particules en suspension dans les vins à l'issue de leur fermentation). Sa manière de les exécuter lui permettait de stabiliser ses vins et de pouvoir ainsi les conserver plusieurs années, là où d'autres les voyaient tourner au bout de quelques mois seulement. Il va aussi se rendre compte que l'utilisation des bouteilles, qui n'étaient encore que rarement en usage, favorisait une meilleure conservation des vins. Si toutes ces observations et leur application paraissent aujourd'hui aller de soi, elles étaient totalement révolutionnaires à une époque où l'on ne savait rien sur les vins. Et dom Pérignon fut un des pionniers du genre.

Double page suivante : le moulin de Verzenay dans la Montagne de Reims.

Des Effets de la Lune

Entre dom Pérignon et l'arrivée progressive de la mousse paraît un petit ouvrage anonyme qui mérite quelques instants d'attention. Il s'agit de *Manière de cultiver la vigne et de faire le vin en Champagne, et ce qu'on peut imiter dans les autres provinces, pour perfectionner les vins,* dont la première édition date du 17 septembre 1718, soit trois ans après la mort du moine bénédictin. Dans cet ouvrage – qui est émouvant par sa volonté de dresser un inventaire des connaissances liées au champagne à cette époque, quitte à ce que cela fût dans un certain désordre – figurent des indications précieuses sur la manière de cultiver ses vignes, des considérations sur les qualités respectives des vins de rivière et des vins de la Montagne, des conseils sur les soins à prendre au moment des vendanges (conseils d'ailleurs très proches de ceux donnés par dom Pérignon lui-même), une description sur la bonne manière de faire fonctionner les pressoirs, mais aussi tout un lot de considérations sur les manières de mener à bien les vinifications. Parmi ces considérations, il en est une qui attire l'attention : « Depuis plus de vingt ans le goût des François s'est déterminé au vin mousseux, & l'on a aimé pour-ainsi-dire jusqu'à la fureur ; on a commencé seulement d'en revenir depuis sept ou huit ans. Les sentimens ont été fort partagez sur les principes de cette espèce de Vin ; Les uns ont crû, que c'étoit la force des drogues, qu'on y mettoit, qui le faisoit mousser si fortement, d'autres ont attribué la mousse à la verdeur des vins, parce-que la plupart de ceux qui moussent sont extremement verds ; d'autres enfin ont attribué cet effet à la Lune, suivant les temps que l'on met les Vins en flacons.

Il est vrai, qu'il y a eu des Marchands de Vin, qui voïant la fureur qu'on avoit pour ces Vins mousseux, y ont mis souvent de l'alun, de l'esprit de vin, de la fiente de Pigeons, & bien d'autres drogues pour le faire mousser extraordinairement… »

S'il est bien ici question de mousse, et que cette mousse sucsite l'intérêt, il est évident que cette dernière est récente et que, de plus, l'on n'a aucune idée précise sur la manière de l'obtenir.

Souvent attribué à Jean Godinot (1661-1749), chanoine de Reims, il semblerait que ce* Manière de cultiver la vigne… *soit plutôt l'œuvre de l'imprimeur lui-même, Barthélémy Multeau, qui possédait des vignes à Saint-Thierry.

Détails de stalles sculptées de l'église de Rilly-la-Montagne. Elles datent du XVe siècle.

Les Indispensables

bouteilles

Une des phases essentielles de l'élaboration du champagne est la seconde fermentation, celle qui donne les bulles. Or, il est indispensable que celle-ci se déroule en bouteilles afin que soit conservé au maximum le gaz carbonique. Cela, les vignerons de la fin XVIIe-début du XVIIIe siècle ne le savaient pas encore très bien. Mais une conjonction d'événements va faire en sorte que la bouteille, encore rare, chère et fragile au XVIIe siècle et surtout réservée au service à table, entre dans les caves et celliers. Les bouteilles, au sens où nous l'entendons aujourd'hui, étaient déjà connues aux XIVe et XVe siècles, mais elles étaient si fragiles qu'il fallait les protéger par un clissage d'osier ou de paille. Vers 1700 apparaissent, en provenance d'Angleterre, des bouteilles en « verre noir », très épais, donc beaucoup plus résistantes. On s'aperçut aussi, toujours à la même époque, que le liège constituait un système de bouchage plus facile à utiliser et plus sain que les broquelets, des bouchons de bois que l'on entourait de chanvre ou d'étoupe. Enfin, et c'est presque le point essentiel, un arrêt royal du 25 mai 1728 autorise la commercialisation des vins en bouteilles, alors que jusque-là seuls les fûts étaient permis. Et cela pour une raison simple et qui ramène à l'arrivée des bouteilles en verre noir (en fait elles sont vert foncé) : la fabrication « industrielle » de ces bouteilles permettait qu'elles aient toutes la même contenance. On peut considérer qu'à partir de cette date est signé l'acte de naissance du commerce moderne du vin. Mais si la bouteille prit d'abord un essor fulgurant en Champagne, elle mit plus de temps à s'imposer dans les autres grands vignobles, ne devenant courante dans le Bordelais et la Bourgogne qu'au début du XIXe siècle.

Vers 1700

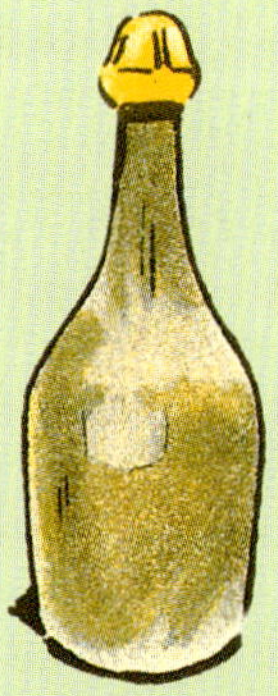

Vers 1750

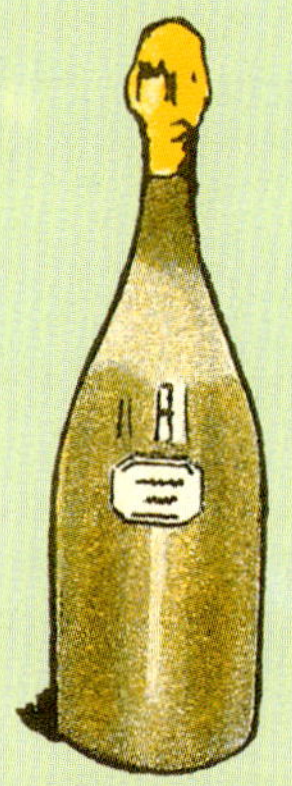

Vers 1820

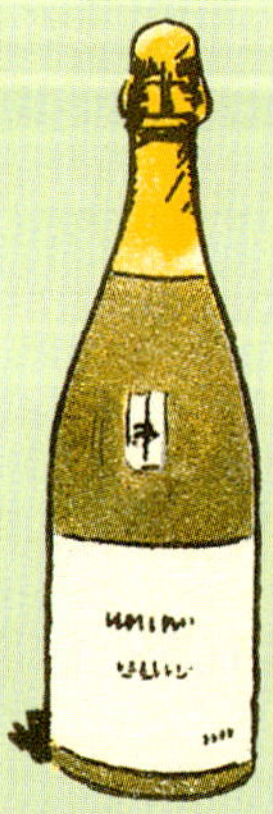

Vers 1900

LA FORME DES BOUTEILLES

La forme des bouteilles en verre noir a lentement évolué au cours du XVIIIe siècle : elle a pris peu à peu de la hauteur tout en devenant plus cylindrique. Ces formes de bouteilles se fabriquaient indifféremment pour tous les types de vins, quelle que fût leur région d'origine. Ce n'est que vers la fin du XIXe siècle qu'émergèrent les différents types de bouteilles propres à chaque vignoble.

Avant que n'apparaissent les étiquettes, qui ne deviendront courantes en Champagne qu'à la fin du XVIIIe *siècle, soit les bouteilles restaient anonymes, soit on y apposait un blason ou un nom : celui d'une provenance géographique, d'une famille ou encore d'une auberge.*

Ces bouteilles anciennes ont contenu du champagne. On les disait en « verre noir », alors qu'en réalité elles sont d'un vert très foncé, par opposition au « verre blanc », le verre des vitres et des miroirs.

The Sparkling champaign

Le champagne qui mousse aurait-il vu d'abord le jour en Angleterre plutôt qu'en France ? Une question un brin provocante. Mais...

On sait aujourd'hui que tout vin peut avoir une tendance naturelle à faire de la mousse : pour peu que la première fermentation ne soit pas tout à fait achevée avant l'hiver, les températures plus froides la font cesser complètement et, avec l'arrivée du printemps et des températures plus clémentes, la fermentation reprend et, ce faisant, elle dégage du gaz carbonique. Ce phénomène pouvait être d'autant plus fréquent en Champagne que le climat y est plus froid et l'hiver plus précoce que dans bien d'autres vignobles ; le raisin pouvait ainsi être récolté à la limite de sa maturité, donc ne contenir que peu de sucre, ce qui rendait plus lente la fermentation.

Avec l'arrivée sur le marché, vers 1700, de bouteilles plus solides, et l'utilisation concomitante d'un système hermétique de fermeture, le bouchon de liège, on prit l'habitude de tirer le vin en bouteille au printemps ou juste avant l'été. Cela veut dire que, la reprise de la fermentation se faisant à l'intérieur d'un contenant duquel le gaz carbonique ne pouvait s'échapper, il pouvait y avoir une prise de mousse spontanée.

Or, les Anglais, déjà grands négociants en vins à la fin du XVIIe siècle, importaient depuis quelques décennies du vin de Champagne en fûts et faisaient eux-mêmes leurs mises en bouteilles. Ce sont eux qui inventèrent ces fameuses bouteilles en verre noir dont ils disposèrent de manière courante au moins une quarantaine d'années avant les viticulteurs champenois : un brevet déposé en 1662 prouve qu'elles étaient déjà fabriquées en série à cette époque.

Ici, il convient de faire un (petit)

détour par le... Portugal. Dans le courant du XVIIe siècle, les marchands de laine anglais commerçaient avec le Portugal et certains d'entre eux y fondèrent certaines grandes marques de porto. Mais la traversée maritime entre les deux pays était longue et les vins de porto, tout robustes qu'ils fussent, ne supportaient pas toujours bien le voyage. Afin de les rendre buvables, il était fréquent que l'on y ajoute de l'eau-de-vie mélangée à du sucre ou à de la mélasse. Cette pratique fut-elle un jour tentée, par erreur ou intentionnellement, sur un fût de vin de Champagne ? Toujours est-il qu'un rapport fait à la Royal Society, et datant de 1662, fait apparaître que l'addition de sucre et de mélasse à toutes sortes de vins est alors chose courante en Angleterre, ce qui rend les vins à la fois plus alcoolisés et... effervescents. Cela ajouté au fait que les Anglais connaissaient l'usage, toujours en provenance du Portugal, des bouchons de liège ainsi que des bouteilles adéquates avant les viticulteurs français, il n'est pas interdit de penser qu'ils furent les premiers à disposer de vins mousseux. Le fait est que le *sparkling champaign* fit fureur en Angleterre, où il est cité à plusieurs reprises dans la littérature. À titre d'exemple, dans une pièce de Sir George Etheredge, *The Man of Mode*, jouée en 1676, un personnage chante le « champagne effervescent qui ranime rapidement les pauvres amants languissants, les rend joyeux et gais et noie tous leurs chagrins... ». En France, il faudra quelques décennies de plus pour que s'impose le champagne mousseux et, difficulté à en maîtriser le processus d'élaboration ou volonté délibérée de continuer à produire des vins tranquilles, il faudra attendre le début du XIXe siècle pour que le mot « champagne » soit définitivement synonyme de « vin qui mousse ».

Du 30 Juillet 1766
du 31 Juillet 1766
du 6 aoust 1766
une ou 2 p.ces de toille coton à fleur à chaque echant.

Les Premières maisons de commerce

L'arrêt royal de 1728 autorisant le transport des vins en paniers de 50 à 100 bouteilles eut pour effet direct de faciliter le commerce du champagne. À partir de 1729, date de fondation de la maison Ruinart, on assiste à la création des premières véritables maisons de commerce : Moët en 1743, Clicquot en 1772, Roederer en 1776, Heidsieck et Cie en 1785... Dans la majorité des cas, toutes ces maisons vendaient des vins tranquilles, des champagnes mousseux, mais avaient aussi des activités dans la laine et les tissus, voire la banque. De vieux registres montrent sur la même page une colonne réservée aux expéditions de vins et une autre attribuée aux commandes de tissus. La raison d'être de ces activités multiples ? Eh bien, on ne se doutait pas encore du succès considérable que connaîtrait le champagne. L'obtention de la mousse étant encore très aléatoire, ce commerce n'apparaissait pas à l'époque comme une activité d'avenir. Ce n'est qu'à partir du XIXe siècle que l'expansion commerciale sera sans précédent et qu'elle s'accompagnera de progrès techniques décisifs. À cette époque, d'autres maisons verront le jour : Henriot en 1808, Perrier-Jouët en 1811, Laurent-Perrier en 1812, Bollinger en 1829, Deutz en 1838, Pommery en 1839, Krug en 1843 ou encore Mercier en 1858...

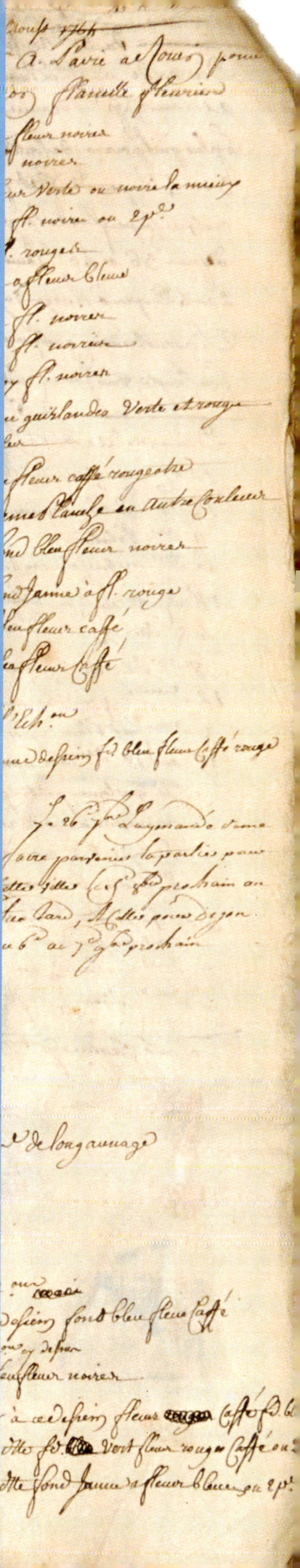

Jusqu'à Trente millions de bouteilles

Ainsi le champagne n'est pas le résultat de quelques étranges manipulations pratiquées au fond d'obscures caves par quelque personnage de conte fantastique mais, comme le disait joliment l'auteur anglais Edward Hyams en 1965, « le champagne s'est inventé lui-même ». Le phénomène de la mousse, largement favorisé par l'utilisation des bouteilles, a été perçu collectivement, refusé par certains et bien accueilli par d'autres qui vont alors s'employer à obtenir délibérément du vin mousseux. Mais la tâche ne sera pas facile, car on ne connaît pas encore bien les différentes étapes qui conduisent à une mousse à coup sûr. Il arrive que le vin ne veuille pas mousser ou, au contraire, qu'il mousse exagérément et qu'il casse les bouteilles. Il arrive aussi qu'il se contente de sabler, c'est-à-dire qu'il présente en surface quelques bulles, sans pouvoir pour autant être appelé un vin mousseux. C'est n'est que vers 1830 que l'on commencera à s'apercevoir que l'ajout de sucre constitue un facteur favorable à une meilleure prise de mousse, mais il faudra attendre encore bien des années pour qu'en soit définie la dose optimale à utiliser. L'autre grand souci était la clarification des vins. Le responsable des vins troubles, c'est le dépôt, dont on ne savait pas encore qu'il est formé par les cellules des levures multipliées pendant la fermentation. Pour clarifier les vins, la seule méthode consistait à tenter de faire couler, par un mouvement sec, le dépôt vers le goulot. On « dépotait » ensuite, c'est-à-dire que l'on changeait le vin de bouteille. Cette opération lente et imparfaite devait souvent être pratiquée plusieurs fois et présentait l'inconvénient d'affaiblir une mousse que l'on avait eu tant de mal à obtenir.

S'il connaît déjà un certain succès, le champagne restera pendant tout le XVIIIe siècle un produit rare et cher. De nombreux clients et consommateurs sont par ailleurs

encore hostiles au fait qu'il mousse. Ainsi, la plupart des livres de comptes des grandes maisons montre que, jusque vers 1830, coexiste une importante production de vins tranquilles et celle des « vins diables » si difficiles à domestiquer. Mais la somme d'observations, d'hésitations, d'expériences, heureuses ou malheureuses, accumulées tout au long de ces décennies avait préparé le terrain pour que l'élaboration du champagne bénéficie pleinement des fantastiques progrès industriels du XIXe siècle. Et c'est en cascade qu'apparaîtront innovations et inventions qui bouleverseront une activité encore bien artisanale : les premières tireuses en 1825, la première machine à boucher en 1827, une machine à doser et une machine à rincer les bouteilles en 1844, une machine à ficeler les bouchons en 1870. Dans le même temps, l'exportation s'affirme et conquiert de nouveaux marchés lointains comme la Russie, puis les États-Unis. Les maisons de négoce, par l'intermédiaire de voyageurs d'abord, qui, dans leur genre, seront de véritables aventuriers, puis par l'établissement d'agents installés sur place, feront un fantastique travail pour faire connaître et apprécier le champagne à travers le monde, et souvent dans des pays où le goût du vin était totalement inconnu. Il n'est pas douteux que l'image universelle dont bénéficie toujours le champagne trouve ses racines profondes dans cet élan commercial sans précédent commencé au milieu du XIXe siècle et qui, en fait, n'a jamais cessé.

Quelques chiffres suffiront à se persuader de la formidable progression de ces vins qui, de par leur nature, eurent, plus que d'autres, à surmonter des difficultés techniques importantes : de quelques milliers de bouteilles expédiées en 1785, on est déjà à six millions et demi en 1845. Puis, la vente passe à onze millions de bouteilles en 1861, à dix-sept millions en 1870 et elle approche les trente millions à la fin du siècle !

LA CASSE DANS LES CAVES

La casse des bouteilles est un des grands problèmes des négociants et viticulteurs. Parfois, les taux de casse sont faramineux, pouvant atteindre 50 % des bouteilles. Ainsi témoigne un négociant en 1746 : « J'ai tiré 6 000 bouteilles d'un vin très liquoreux : je n'ai eu que 120 bouteilles de reste. » À telle enseigne que les caves étaient presque toujours pourvues de sortes de rigoles, permettant de récupérer le vin de la casse. Filtré, il était ensuite revendu sous forme de vin tranquille. Bien qu'allant en régressant, la casse restera un souci jusque dans les années 20. Aujourd'hui, on admet une casse de 6 pour 1 000 environ, quoiqu'il y ait bien des années où aucune bouteille n'explose dans les caves.

De la vigne et de ses travaux

Bergères-lès-Vertus Cramant Pargny-lès-Reims

Vingt-neuf Juin
mille neuf cent trente-six

Trépail Vaucienne Cuis

Épernay Avenay Sacy Moussy Damery Dizy Boursault Ludes Ay Œuilly Verzenay Louvois

En regard de l'ancienneté relative de certains vignobles, on ne réalise pas toujours que la législation qui les régit, une des plus sévères du monde, ne date que de 1935. En effet, cette année-là, le 30 juillet, fut institué le décret-loi qui créait les appellations d'origine contrôlée et qui définissait les différents éléments entrant en ligne de compte pour apprécier la qualité des vins. À partir de ce cadre global, chaque appellation fut déterminée en fonction de ses caractéristiques propres. Pour certains vignobles, l'obtention des appellations fut rapide car les professionnels avaient bien senti que leur production ne pouvait acquérir une notoriété, et surtout la conserver, qu'en obéissant à des règles strictes qui seraient les mêmes pour chaque producteur d'un même secteur géographique. Ce fut le cas pour la Champagne, qui obtint son appellation dès le 29 juin 1936. Celle-ci ne venait en fait que confirmer une somme de démarches entreprises depuis 1882, date à laquelle avait déjà été fondée une association de négociants. Puis, en 1904, fut créé le Syndicat général des vignerons. Replacées dans le contexte de l'époque, de telles initiatives étaient novatrices et, surtout, elles fournirent les outils nécessaires à une concertation et à une communication entre tous les représentants de la profession. C'est ainsi que put être entreprise une première délimitation du vignoble dont le but était d'établir avec précision quelle serait la frontière à l'intérieur de laquelle pouvait être produit le champagne. Cette tâche prit près d'un quart de siècle, entre 1905 et 1930. Beaucoup de péripéties se sont succédé dans cet intervalle, quelques agitations même. Il faut dire que le problème n'était pas simple et les intérêts en jeu fort lourds. Mais finalement les travaux furent si bien menés à leur terme que la commission qui en était chargée poussa la précision jusqu'à définir non seulement les communes et, dans ces communes, les lieux-dits, mais également, à l'intérieur de ces lieux-dits, les parcelles de terrain concernées ainsi que leur numéro d'inscription au cadastre !
Ce faisant, on se rendit vite compte que l'origine, à elle seule, ne suffisait pas comme garantie d'authenticité et qu'il fallait aussi instaurer une discipline axée sur un double objectif : le respect de la tradition et la recherche de la qualité. C'est donc à partir de 1919 que furent progressivement mises en place les règles de l'élaboration du champagne.
Toutes ces considérations peuvent sembler un peu sévères au regard d'un vin qui est le symbole de la gaieté, de la fête et de l'insouciance. Mais c'est justement parce qu'il s'appuie sur des bases solides que le champagne a pu conserver une réputation qui ne s'est jamais démentie. Il n'y a pas de hasard…

Saint-Thierry Chigny-les-Roses

Rilly-la-Montagne Taissy Vrigny Dormans

Reims

Villedommange Mailly-Champagne Villers-Allerand

Mareuil-sur-Ay Écueil Jouy-lès-Reims

Étoges Champillon Pierry

Le Puceron maudit

Avant de pouvoir fêter, au champagne, leur appellation, les Champenois auront cependant quelques difficultés à surmonter, et en particulier le phylloxera. La crise du phylloxera, c'est la catastrophe référence de tous les vignerons de France qui eut pour conséquence de remodeler entièrement le paysage viticole français : on ne replanta pas là où se trouvaient autrefois des vignobles qui, sans produire des vins mirifiques, étaient tout de même acceptables. De plus, la physionomie des vignobles allait s'en trouver définitivement changée : les nouvelles méthodes de culture, imposées par les greffages nécessaires pour résister au phylloxera, firent disparaître la vigne en foule (voir page ci-contre).

Le phylloxera fut introduit en France par des plants de vignes importés d'outre-Atlantique vers 1860. D'abord, on ne s'aperçut de rien puis, rapidement, il envahit les vignobles du Gard et des Bouches-du-Rhône. En 1869, on découvrit un second foyer en Gironde. Vers 1880, la totalité des vignobles étaient touchés, à l'exception de la Champagne. On pensa même, devant l'ignorance que l'on avait de ce puceron maudit, que des vignobles aussi bien tenus ne pouvaient pas être atteints. Erreur ! En 1888, l'ennemi apparaît dans l'Aube, en 1892, on le signale au Mesnil-sur-Oger, à Mardeuil, à Damery... En 1901, à l'instar des autres départements français qui le furent beaucoup plus tôt, la Marne est déclarée « phylloxérée ».

D'Amérique était venu le mal, d'Amérique vint le remède, mais après ô combien d'efforts et d'essais de traitements infructueux : on greffa les cépages traditionnels sur des souches de plants américains. Ainsi, on conservait les caractéristiques des vignes européennes, en l'occurrence des plants champenois, tout en utilisant des porte-greffes résistant au phylloxera.

La reconstitution du vignoble ne se fit pas en un jour et, avec l'interruption et les dommages engendrés par la Première Guerre mondiale, elle ne sera réellement achevée que dans les années 30.

Pour éliminer le phylloxera, on tenta, au moyen de pals injecteurs (voir ci-contre et à droite en haut), de traiter les racines de la vigne avec du sulfure de carbone. Ce traitement, qui se voulait préventif, nécessitait de 30 000 à 40 000 injections par hectare ! Mais il fallut se rendre à l'évidence : rien n'y faisait. La reconstitution du vignoble avec des porte-greffes d'origine américaine s'imposa.

Phylloxera femelle

Phylloxera mâle

Phylloxera radicicole

Nymphe

QU'EST-CE QUE LE PHYLLOXERA ?

Phylloxera vastatrix est un puceron qui mesure de 1 à 2 millimètres de long et qui a une manière de se reproduire extrêmement sophistiquée : en été, des insectes ailés déposent deux sortes d'œufs sur l'écorce des ceps. Les œufs de petite taille donneront naissance à des mâles, les œufs plus gros à des femelles. Après l'accouplement, la femelle pond, en hiver, sous l'écorce du cep, un œuf qui éclôt au printemps et qui donne un phylloxera femelle que l'on appelle la « fondatrice ». Cette dernière, qui se fixera à la surface inférieure d'une jeune feuille, pond à son tour plusieurs centaines d'œufs, ceux-ci étant, à leur tour, à l'origine de plusieurs générations de pucerons gallicoles (vivant sur les feuilles), qui se nourrissent des feuilles. Si le phylloxera se limitait à cela, les vignes n'en mourraient pas. Mais, en automne, un certain nombre de larves descendent vers les racines pour devenir des phylloxeras radicicoles. Ceux-ci piquent les racines avec leur rostre et ces nombreuses piqûres provoquent des désorganisations cellulaires qui aboutissent à des nodosités telles que les racines finissent par disparaître. Pour boucler la boucle, il faut savoir qu'à partir du mois de juillet apparaissent, parmi les phylloxeras radicicoles, des nymphes qui subissent une mue et deviennent les insectes ailés rencontrés au début. Ceux-ci ne sont pas des prodiges du vol, mais ils profitent des vents dominants pour aller essaimer à 20 ou 30 kilomètres de leur foyer d'origine. C'est une des raisons qui fit que l'on eut du mal à comprendre cette maladie à ses débuts, les voisins immédiats d'un pied contaminé pouvant rester (au moins pour quelque temps) intacts, tandis qu'une nouvelle « tache phylloxérique » (c'est le terme consacré) se développait plus loin.

Avant la crise du phylloxera, les modes de conduite des ceps donnaient des vignes plantées « en foule », c'est-à-dire d'une manière désordonnée, qui étaient soutenues par des échalas. C'est ce que montre la photographie ci-dessous. Avec la reconstitution du vignoble apparaîtra la vigne palissée en lignes.

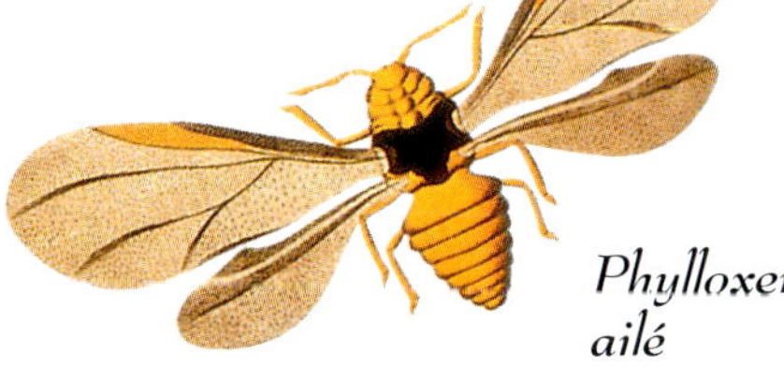

Phylloxera ailé

Autrefois, le Travail de la vigne

Au début de l'hiver, le vigneron procède au défichage, qui consiste à enlever les échalas, des piquets en bois qui soutiennent la vigne.

Le montage des moyères : les échalas coûtant très cher, ils n'étaient pas stockés à même le sol, afin d'éviter qu'ils ne pourrissent. Ces moyères permettaient le libre passage de l'air, ainsi qu'un empilement propre. Pendant l'hiver, le vigneron entretient ses échalas : aiguisage, remplacement de ceux qui ne sont plus utilisables…

C'est également pendant l'hiver que le vigneron procède à l'arrachage des pieds de vigne trop âgés qui ne sont plus aptes à donner du raisin.

Avant les premières gelées, le vigneron amende ses vignes avec des magasins, un engrais composé d'un mélange de fumier, de terre et de sable. Les magasins étaient portés à dos d'homme dans des hottes en osier ou en bois.

La taille se déroule de janvier à mars. Le vigneron laisse deux sarments dans la partie haute de la vigne et coupe le reste au moyen d'une serpette. Chaque sarment est coupé à trois ou quatre yeux. Les yeux sont les prémisses d'un bourgeon.

Le sarclage de la vigne se fait plusieurs fois au cours de l'année, dont une première fois à la fin de l'hiver. Le vigneron enlève les mauvaises herbes : cet entretien très soigneux de la vigne est une tradition en Champagne qui a fait dire à de nombreux auteurs que ce vignoble était le plus grand jardin de France.

La préparation des tranchées pour la plantation d'une vigne nouvelle. L'outil utilisé s'appelle un hoyau.

Lorsque la vigne est jeune, elle est encore en lignes, puisqu'elle a été plantée ainsi. Ce sont le provignage et l'assiselage qui la rendront en foule.

De mars à avril, on procède à la bêcherie, ou bouerie, au cours de laquelle le vigneron pratique l'assiselage : pour rajeunir sa vigne, il couche le pied en terre en ne laissant sortir que le sarment qui a porté la précédente vendange. Selon l'espace à remplir, il couche le pied soit latéralement, il est alors écarté, soit dans le sens du bois, le vigneron dit alors qu'il avance sa vigne.

Selon les besoins, le vigneron peut aussi provigner sa vigne : à partir d'un pied mère, il met en terre une jeune pousse qui fera des racines. Ce jeune pied pourra alors soit rester là où il a été provigné, soit être transplanté ailleurs. C'est en pratiquant l'assiselage et le provignage que la vigne prend peu à peu l'aspect d'une vigne en foule, c'est-à-dire qui perd son ordonnancement en lignes originel. Outre le fait qu'elle soit moins commode à travailler qu'une vigne en lignes, la vigne en foule présente aussi l'inconvénient de comporter des pieds d'âge très divers, donc de taille et de rendement très différents.

Au mois d'avril, lorsque assiselage et provignage sont terminés, le vigneron doit procéder au fichage, c'est-à-dire remettre en place les échalas qu'il a enlevés au début de l'hiver. Cette tâche est sans doute la plus pénible entre toutes : à l'aide d'une sorte de plastron en bois qui lui protège la poitrine, il appuie de toute la force du haut de son corps, tout en guidant l'échalas avec sa main. Il achève ensuite de le ficher à l'aide d'un maillet en bois.

Plusieurs fois, au cours du printemps et de l'été, le vigneron sarclera encore sa vigne.

En mai et juin, au fur et à mesure que la vigne se développe, le vigneron procède au liage : pour fixer les jeunes pousses à l'échalas, il les lie avec un brin de paille de seigle, trempé dans de l'eau pour qu'il reste souple. Afin de garder les brins utilisables toute la journée, on les conserve dans un linge humide que le vigneron attache à sa taille, et que l'on appelle la torchette. La torsade de paille exécutée pour lier la jeune pousse à l'échalas s'appelle une marionnette.

De juin à août, le vigneron doit procéder à plusieurs rognages qui ont pour but de régulariser la pousse de la végétation afin de trouver le bon équilibre entre raisin et feuillage (ce que montre aussi la carte postale de la double page suivante). Au début du mois de septembre auront enfin lieu les vendanges, produit de toute cette année de soins apportés à la vigne.

Au Pays
La
178. - Le Travail

Champagne
E ET LE VIN
la Vigne. - Le Rognage
Juillet

De la Vigne

La replantation complète du vignoble pour faire face à la crise du phylloxera en a changé la physionomie. L'obligation de greffer sur des souches résistant aux attaques de l'insecte responsable de cette maladie a profondément modifié les méthodes de culture. L'assiselage et le provignage n'ayant plus de raison d'être, la vigne a été replantée en lignes palissées entre lesquelles on a aménagé des intervalles suffisants pour laisser passer d'abord les chevaux, puis les tracteurs enjambeurs. La reconstitution du vignoble allant de pair avec toute une série d'améliorations qualitatives, dont la détermination des meilleurs cépages aptes à produire du champagne, on ne trouve plus désormais que les trois seuls cépages autorisés : le chardonnay, le pinot noir et le pinot meunier.

LE GREFFAGE A-T-IL EU DES CONSÉQUENCES ?

Le principe du greffage consiste à réaliser l'union entre un pied, dit porte-greffe, d'origine américaine, et un greffon prélevé sur une vigne d'origine champenoise. L'idée étant que le porte-greffe nourrit, par ses racines, l'ensemble du cep, tandis que le greffon fournit les rameaux, les feuilles et les fruits sans que les caractères de ceux-ci soient altérés par le porte-greffe. Il est vrai, et il était légitime, au commencement de la reconstitution du vignoble, qu'on se soit demandé si ce bouleversement ne serait pas de nature à modifier certaines des caractéristiques du vin de champagne. Or, on dut bien se rendre compte qu'il n'en était rien. Quelques décennies après la reconstitution du vignoble, on eut même le loisir de faire une comparaison grandeur nature. En effet, la maison Bollinger possède deux parcelles qui ont, par extraordinaire, échappé au phylloxera : l'une se trouve à Ay, et l'autre à Bouzy. Depuis 1969, une cuvée spéciale, dite des Vieilles Vignes françaises, est élaborée à partir des raisins de ces deux parcelles. Et ce vin est de même nature que les autres champagnes.

Une des rares parcelles de vigne ayant résisté au phylloxera. On dit des vignes non greffées qu'elles sont franches de pied.

La densité de ceps par hectare se situe entre 7 000 et 10 000 pieds.

Depuis la reconstitution du vignoble, les vignes sont palissées selon des règles strictes : l'espace entre les rangs ne doit pas dépasser 1,50 m et la distance entre les souches sur les rangs doit se situer entre 90 cm et 1,50 m, la somme de l'écartement et de la distance devant être en tout cas inférieure à 2,50 m.

À côté des méthodes les plus modernes, tels que les traitements phytosanitaires pratiqués par hélicoptères, comme le montre le panneau de repérage ci-contre, subsistent des procédés anciens, comme les chaufferettes (à l'extrême gauche) qui servent à lutter contre le gel. Celle photographiée ici est alimentée au gaz, mais autrefois le vigneron y entretenait un feu de bois.

Le pinot noir représente 38 % de la surface du vignoble. Les vins qui en sont issus se distinguent par des arômes de fruits rouges et une puissance marquée. Au centre : le chardonnay est planté sur 27 % du vignoble. Il donne des vins aux arômes délicats qui ont une grande fraîcheur et qui contribuent à la finesse des assemblages.

Ci-dessus : le pinot meunier, autre cépage à peau noire et à jus blanc, occupe les 35 % restants du vignoble. C'est un cépage plus rustique que les autres, capable de donner de bons résultats qualitatifs lors des années difficiles, car il demande moins de chaleur pour arriver à maturation. Les vins qui en sont issus ont un bouquet intense et apportent de la rondeur aux assemblages.

La brouette à feu permet de brûler les sarments sur place, d'où les colonnes de fumée que l'on voit quelquefois dans les vignobles en hiver.

Double page suivante : la vigne au début du mois de mai et une loge, petite cabane des vignes qui servait à s'abriter en cas d'intempéries et aussi à ranger quelques outils.

La Champagne viticole compte plus de 320 villages, ou crus. Chacun d'eux s'est vu attribuer une cotation, que l'on appelle échelle des crus. Cette cotation varie de 80 à 100 %, selon le degré de qualité du raisin qui y est produit. Cette échelle des crus n'intéresse pas directement le public, en revanche elle est un outil précieux pour les professionnels, auxquels elle sert de base pour établir le prix du raisin. Ce dernier est convenu librement entre le vendeur et l'acheteur, mais chaque année un prix indicatif est fixé. Ainsi, le propriétaire d'un vignoble situé dans un cru classé à 100 % pourra vendre son raisin au moins 100 % du prix indicatif fixé, celui d'un vignoble classé à 90 %, 90 % du prix fixé, etc.

Ces dix-sept villages sont ceux dont les vignobles sont classés à 100 %.

Dans le but de limiter les rendements, la taille de la vigne obéit à des règles très précises. Seuls quatre systèmes sont autorisés, de haut en bas :
- la taille en Chablis, taille courte sur charpente longue, pour tous les cépages et tous les crus ;
- la taille en Cordon, taille courte sur charpente longue, pour tous les cépages et tous les crus ;
- la taille Guyot, taille longue sur charpente courte, pour tous les cépages mais uniquement dans les crus où les vignobles ne sont classés que de 80 à 89 % ;
- enfin, la taille Vallée de la Marne, taille longue sur charpente demi-longue, seulement pour le cépage pinot meunier et uniquement dans les crus où les vignobles ne sont classés que de 80 à 89 %.

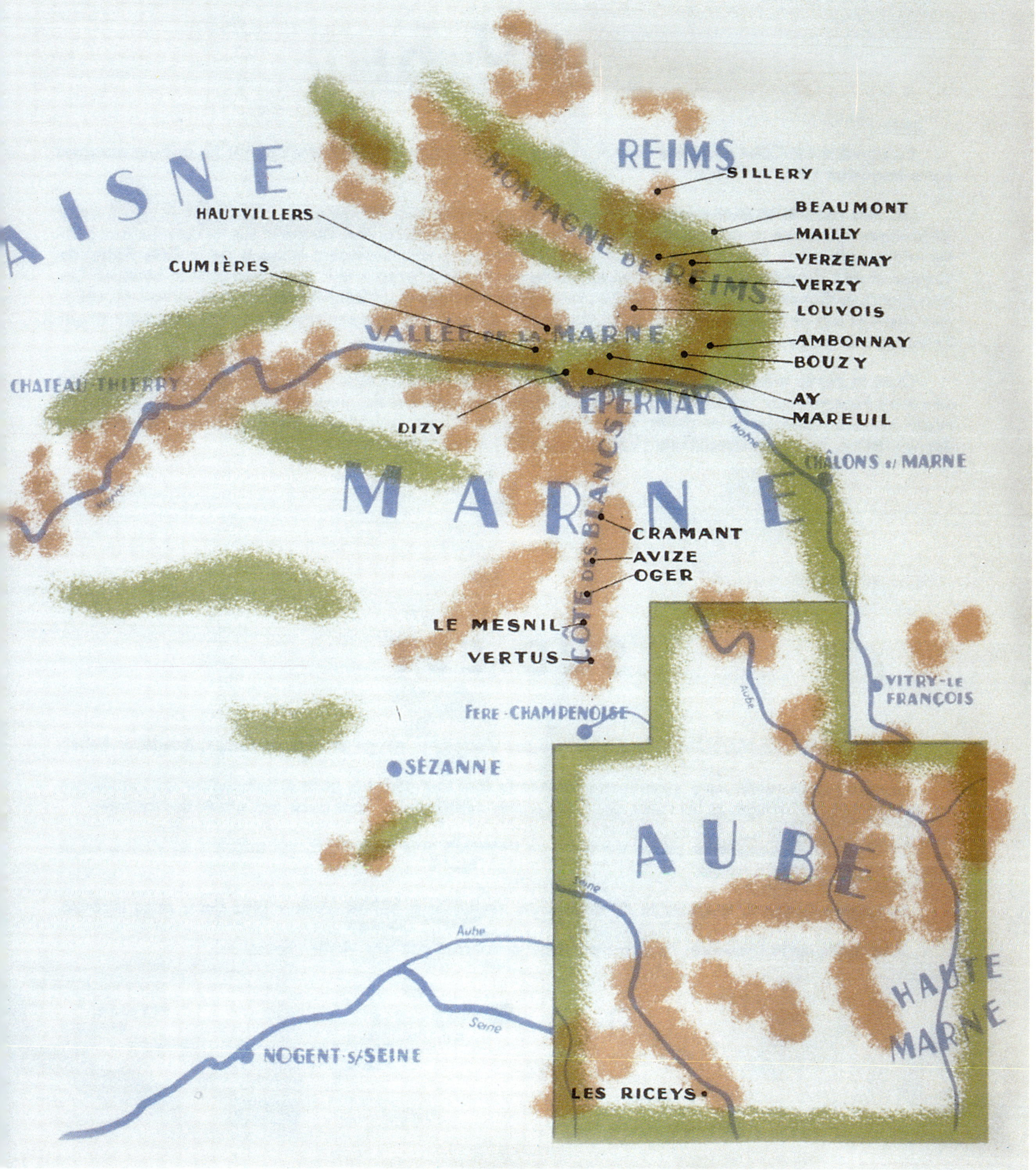
AISNE
REIMS
MONTAGNE DE REIMS
SILLERY
BEAUMONT
MAILLY
VERZENAY
VERZY
LOUVOIS
AMBONNAY
BOUZY
AY
MAREUIL
HAUTVILLERS
CUMIÈRES
VALLÉE DE LA MARNE
CHATEAU-THIERRY
DIZY
EPERNAY
Marne
CHÂLONS s/ MARNE
MARNE
CÔTE DES BLANCS
CRAMANT
AVIZE
OGER
LE MESNIL
VERTUS
VITRY-LE FRANÇOIS
FERE-CHAMPENOISE
SÉZANNE
Aube
AUBE
Seine
HAUTE MARNE
NOGENT s/SEINE
LES RICEYS

La Révolte des vignerons

La Champagne fait partie des régions viticoles où le statut des vignerons est plutôt enviable. Et, par le passé, même si, comme partout, le vigneron devait travailler dur pour entretenir sa vigne, sa situation a presque toujours été plutôt moins difficile qu'ailleurs. Il y eut pourtant quelques agitations en Champagne et l'épisode de 1910-1911, assez peu connu, fait partie de ceux qui émaillèrent l'histoire de la mise en place de l'appellation d'origine contrôlée. En 1908, négociants et vignerons avaient, d'un commun accord, obtenu la signature d'un décret délimitant, dans les départements de la Marne et de l'Aisne, une zone dont devaient provenir obligatoirement les vins destinés à devenir du champagne. Il s'agissait de la « Champagne délimitée », premier pas vers ce que sera, près de trente ans plus tard, l'appellation d'origine. En 1910, le vignoble ne s'est pas encore relevé de la crise du phylloxera. Des efforts colossaux, pécuniaires et industrieux, ont été consentis pour sa reconstitution. Combinaison du phylloxera et de mauvaises conditions climatiques, la vendange de cette année-là est quasiment inexistante. Les vignerons, dont certains sont au bord de la faillite, s'irritent de ce que certains négociants emploient des vins venant de l'extérieur pour concourir abusivement à la production du champagne. Il s'ensuit une vive agitation qui prend naissance à Ay et s'amplifie au début de 1911. Les autorités doivent faire appel à l'armée. Tout semble pourtant rentrer dans l'ordre, lorsque la Chambre des députés vote les mesures pratiques qui donnent à la délimitation de la Champagne toute sa valeur. L'Aube n'étant pas comprise dans cette délimitation, les viticulteurs de ce département réagissent vivement. De même les viticulteurs du département de la Marne, qui entendent bien qu'elle ne soit pas changée. L'agitation dégénère en émeute en mars et avril 1911, en particulier à Épernay et Ay, et l'on doit faire appel à trente et un escadrons de cavalerie et vingt-six compagnies d'infanterie pour la contenir. Le 12 avril, des dégâts importants sont commis à Ay par

À droite en haut : affrontements entre manifestants et Dragons à Ay. Les femmes furent très actives dans cette révolte, retardant souvent les troupes tandis que leurs maris tentaient d'entrer dans les celliers des négociants.

L'arrivée de l'armée à Épernay en avril 1911.

Ci-dessous : le 15e escadron de Chasseurs, protégeant les bâtiments de l'Union champenoise, ancien nom de l'actuelle maison de Castellane.

les manifestants, et notamment sur les bâtiments et celliers de la maison Ayala, qui sont incendiés. L'affaire se termina par un compromis : la création pour l'Aube d'une appellation particulière, le champagne de deuxième zone, et qui restera en vigueur jusqu'en 1927. Ces épisodes tumultueux de l'histoire de la Champagne auront finalement eu plusieurs mérites : l'instauration d'une bonne cohésion entre les vignerons, qui sauront désormais s'organiser (de là naîtront notamment les caves coopératives) ; la fixation d'un prix de base du raisin avec pour conséquence le rétablissement d'une collaboration entre le vignoble et le négoce ; enfin, l'élimination des quelques brebis galeuses parmi les négociants.

Ci-dessous et au centre : les installations des maisons Ayala et Bissinger, situées boulevard du Nord, à Ay, furent totalement détruites. Le Réveil de la Marne écrivait : « Il ne reste plus que des murs calcinés et noircis ; des chais, des magasins, on ne voit plus que la carcasse et quelques poutres de fer tordues. À l'intérieur de ces magasins, des morceaux de verre brisé, d'étiquettes, de caisses à demi consumées, des tonneaux défoncés, démontrent l'acharnement des incendiaires et des pillards… »

POMMERY
LM
LOPEZ-MARTIN
S
SALON
LOUIS
ROEDERER
VCP
Veuve
Clicquot
DEUTZ
AUTRÉAU
MAILLY
GRAND CRU
CHAMPAGNE
Baudot

Le Vignoble aujourd'hui

Le vignoble champenois couvre 34 000 hectares, dont 31 000 sont actuellement plantés et 30 200 sont en production. La différence entre ces deux derniers chiffres s'explique principalement par les jeunes vignes non productives et les replantations en cours. 90 % du vignoble appartient à 14 622 récoltants qui soit élaborent leur propre production, c'est ce que l'on appelle les récoltants-manipulants, soit vendent leur raisin aux maisons de négoce ; le reste du vignoble appartient à 205 négociants. Il faut savoir que la qualité d'une maison de négoce ne se juge pas à l'étendue de son vignoble, mais à la qualité de ses approvisionnements et à sa capacité à produire des vins réguliers correspondant à l'image de sa marque.

Les bornes dans les vignobles sont une tradition champenoise. Celle-ci comporte une comète stylisée, en souvenir d'une comète qui passa en 1811. On attribua à cette dernière la qualité exceptionnelle de la vendange, qualité qui avait fait défaut depuis plusieurs années. Aujourd'hui encore, certaines étiquettes de champagne comportent toujours une comète ou une étoile filante stylisées.

Les Vendanges

Pour le petit propriétaire comme pour la plus importante des maisons de négoce, les vendanges sont un des moments de l'année les plus fébriles. Même si elles sont parfois auréolées d'un folklore bucolique assez peu proche de la dure réalité du travail qu'elles représentent, il faut bien avouer qu'ici elles ont, plus qu'ailleurs, conservé un aspect traditionnel. Et cela tout simplement parce qu'il n'y a pas de machines à vendanger. Parmi les règles régissant l'appellation, il en est une qui stipule que les raisins doivent être pressurés entiers, ce qui interdit l'usage de tels engins. Et qui dit pas de machines à vendanger, dit arrivée massive de personnel pendant une période, certes courte, mais durant laquelle la vie de l'ensemble de la population des vignobles est bouleversée. Participe aussi au maintien de cette ambiance propre aux vendanges le fait que, dans la majorité des cas, les vendangeurs sont hébergés et nourris par leurs employeurs, tradition qui a tendance à se perdre dans les autres vignobles. C'est donc toute une organisation qui doit être mise en place – aménagement des dortoirs, approvisionnement en nourriture, mise en place des transports, préparation des paniers et de l'ensemble du matériel... – et à laquelle personne n'échappe, pas même les maisons les plus prestigieuses. Et, en effet, pendant cette période des vendanges, l'atmosphère qui règne dans les maisons de négoce permet souvent de ressentir un très sympathique « décalage » entre les problèmes excessivement domestiques auxquels elles doivent faire face et le fait que certaines d'entre elles soient, par ailleurs, des sociétés cotées en Bourse et connues du monde entier.

C'est le Comité interprofessionnel des vins de Champagne qui fixe pour chaque commune la date de l'ouverture des vendanges, ce que l'on appelle le ban des vendanges. Cette date est décidée en fonction de la maturité des raisins.

Chacun ne vendange pas à sa guise. Non seulement le Comité interprofessionnel des vins de Champagne (CIVC) fixe la date à laquelle peuvent débuter les vendanges dans chaque cru, mais, en accord avec l'Institut national des appellations d'origine contrôlée (INAO), il détermine également la quantité de raisin à l'hectare qui aura droit à l'appellation. Des dates de clôture de la cueillette et de fermeture des pressoirs sont également imposées. Ces dates conditionnent, dans les jours qui suivent, le dépôt des carnets de pressoir ainsi que le dépôt des déclarations de récolte en mairie. L'ensemble de cette réglementation est prévu pour aller dans le sens de la qualité. Il existe bien entendu certains paramètres sur lesquels même le législateur n'a aucun pouvoir, notamment la qualité finale de la vendange, fonction de la météorologie de l'ensemble de l'année, et du temps qu'il fera pendant les vendanges pour qu'elles se déroulent dans de bonnes conditions.

LE HORDON

Le hordon est le nom donné à une troupe de vendangeurs. Traditionnellement, ceux-ci viennent du Nord et de Lorraine et ce sont souvent les mêmes familles qui reviennent chaque année, même si les vendanges attirent désormais des jeunes du monde entier.

EMILE BOURDELIN

Le départ pour les vignes dans les charrettes à chevaux. Désormais, les vendangeurs sont acheminés par autocars, ce qui n'est pas sans poser quelquefois des problèmes sur les routes étroites des vignobles et dans les ruelles de certains villages.

Ces grands paniers que l'on employait autrefois pour le transport du raisin s'appellent des paniers mannequins. Quant à la petite charrette qui servait quelquefois à les transporter jusqu'à la charrette à cheval, c'est une gaillotte.

Les femmes étaient autrefois employées au tri des raisins en bout de rang.

Les traitements phytosanitaires n'étant pas ce qu'ils sont aujourd'hui, il fallait autrefois procéder à un tri des raisins avant leur départ pour le pressoir. Cet épluchage, comme on appelait cette opération, se déroulait en bout de rang : le contenu des petits paniers était versé sur une clayette, le grand panier plat, et chaque grain pourri, vert ou taché était enlevé à la serpette. Les raisins sains étaient ensuite mis dans les grands paniers mannequins. Selon les années, les effectifs pouvaient compter plus d'éplucheuses que de vendangeurs. Certaines maisons ont pratiqué l'épluchage jusque dans les années 60, mais il a aujourd'hui totalement disparu.

Les paniers à vendanger et les mannequins ne sont plus en usage, mais cela n'en a pas pour autant modifié l'ordre des choses : les cueilleurs ramassent les grappes à l'aide d'un sécateur et remplissent de petits paniers, afin que les raisins ne soient pas écrasés. Les porteurs de petits paniers vont vider ces derniers dans des caisses, aussi appelées comportes, en bout de rang. Les débardeurs, quant à eux, chargent les comportes sur les camions.

Désormais, l'osier a été remplacé par des paniers et des comportes en plastique. D'un entretien plus facile, ils peuvent être nettoyés plus souvent et leur séchage est plus rapide. Cette concession au modernisme contribue à un meilleur état sanitaire de la vendange.

Lorsque la vendange a commencé, elle ne s'arrête pas et dure en moyenne une dizaine de jours. Autrefois, le déjeuner était toujours pris aux vignes, et se composait le plus souvent d'une potée de choux agrémentée de lard.

Peu à peu, l'acheminement des raisins vers les pressoirs s'est fait au moyen de camions. La maison Mercier fut une des premières à abandonner les moyens de transport hippomobile, dans les années 20. Plus la vendange parvient rapidement au pressoir, moins les risques qu'elle s'abîme, ou s'échauffe comme l'on disait autrefois, sont grands. Délicatesse et célérité sont les maîtres mots d'une vendange bien conduite.

Le Pressurage

La pesée doit être minutieusement faite car elle conditionne le respect de la réglementation du rendement des pressoirs. De plus, s'il y a lieu, elle déterminera le montant qui sera payé aux livreurs de raisin, ces propriétaires de petits vignobles qui vendent leur récolte aux maisons ou coopératives. À l'époque des paniers mannequins, la pesée était d'autant plus longue qu'il fallait en plus tarer chaque panier. Aujourd'hui, les comportes pèsent toute le même poids.

Les vendangeoirs disséminés dans le vignoble constituent une des particularités de la Champagne. Dans ces vendangeoirs sont souvent installés une partie des bureaux qui gèrent les vignes. Attenant à ces derniers se trouvent aussi les réfectoires et les cuisines qui assurent les repas des vendangeurs. Mais le centre névralgique des vendangeoirs, ce sont les pressoirs. En effet, le pressurage des raisins ne se déroule pas dans les caves, souvent situées en ville, où s'élaboreront les vins par la suite, mais le plus près possible des lieux de vendanges. Autrefois, les maisons qui détenaient un vignoble important avaient quasiment un vendangeoir dans chacune des

communes où se trouvaient leurs lots de parcelles les plus importants. Avec le développement des moyens de transports plus rapides, les vendangeoirs ont été regroupés.

Obtenir des vins blancs à partir de raisins dont la peau est le plus souvent noire (pinot noir et pinot meunier) est l'une des magies du champagne. Il faut donc faire en sorte que les matières colorantes contenues dans la peau n'aient pas le temps de tacher le jus. Les méthodes de pressurage en elles-mêmes n'ont pas changé depuis que l'on fait du vin gris. La seule différence notable est que les pressoirs sont mus par des systèmes hydrauliques alors qu'auparavant on ne disposait que de la force humaine. À partir d'un « marc » de 4 000 kilos de raisin, qui est l'unité traditionnelle de pressurage, on extrait 20,5 hl de moût dit « de cuvée », puis 5 hectolitres de moût dit « de taille ». Ce fractionnement des moûts a une importance considérable sur la qualité des vins futurs : les vins issus de la cuvée posséderont en effet plus de finesse et de fraîcheur et auront une meilleure tenue dans le temps que ceux issus de la taille. Lors du pressurage, les raisins situés à la périphérie du pressoir sont soumis à une pression plus faible, et sont donc moins bien écrasés. On procède alors, entre chaque presse, généralement trois par marc, à l'opération dite « de retrousse » qui consiste à les ramener vers le centre.

À côté des pressoirs traditionnels, dits pressoirs verticaux, ont été mis au point depuis quelques années des pressoirs automatiques, dits horizontaux, dont la

Lorsque la pesée est faite, le raisin est déversé dans le pressoir. Il fallait une quarantaine de paniers comme celui-ci pour le remplir, soit l'équivalent de quatre-vingt-dix comportes actuelles.

À droite : un pressoir traditionnel, dont la forme peut aussi être carrée.

capacité est généralement plus importante. Tout d'Inox vêtus, ils ont bien sûr moins de charme que les pressoirs traditionnels. Quoi qu'il en soit, l'élément prépondérant pour l'obtention d'un moût de qualité reste l'expérience des hommes capables d'une bonne conduite du pressurage. Lors de cette opération, les jus s'écoulent dans des cuves jaugées, les belons. Jus de cuvée et jus de taille sont bien entendu mis à débourber dans des belons séparés. Le débourbage consiste à laisser reposer les jus durant une douzaine d'heures afin que les quelques pépins ou particules de peau qui auraient échappé aux différents filtrages se déposent au fond des belons. Les moûts sont alors pompés vers des camions-citernes à compartiments, toujours pour les séparer, et transportés vers les caves où commenceront les vinifications.

La répartition des raisins avant le pressurage, à l'aide d'une pelle en bois (palon).

KEEP
KEEP

Les secrets du champagne

Les Vins clairs

Dès qu'ils arrivent du pressurage, les moûts sont déversés par gravité, afin d'éviter au maximum le contact avec l'air, dans de grandes cuves en Inox. Là aura lieu la première fermentation, qui se déroule en fait en deux étapes : la première étape est une fermentation alcoolique qui dure de une à deux semaines. La seconde est une fermentation dite malolactique, qui, suite à des ensemencements successifs de ferments lactiques, transforme l'acide malique en acide lactique. L'acidité naturelle du vin se trouve ainsi diminuée et il devient plus souple et plus équilibré.

Lors de la fermentation alcoolique, la formation du gaz carbonique dégage une température importante. Or, on sait aujourd'hui qu'il est important que cette fermentation se déroule à une température assez basse, entre 18 et 20 °C, afin que le vin ne perde ni sa finesse ni son bouquet. Pour empêcher une montée en température trop élevée, les celliers sont climatisés et l'on procède parfois à des ruissellements d'eau fraîche sur les cuves en Inox. C'est ce que l'on appelle les fermentations à basse température. Elles sont d'ailleurs pratiquées dans tous les vignobles produisant des vins blancs de qualité. À l'issue de la

Les opérations de soutirage, lorsqu'elles se déroulaient en fûts. Le caviste de gauche se sert d'une pipette et celui de droite, d'un bassin.

Dans les années 30, le transport des moûts d'un vendangeoir vers les caves de Moët & Chandon à Épernay. À cette époque, les moûts n'étaient pas déversés dans des belons, les cuves jaugées utilisées actuellement, mais dans des pièces, les fûts champenois de 205 litres.

À droite : à quelques exceptions près, les maisons de champagne vinifient leurs vins clairs dans des cuves en Inox dont la capacité peut varier de 3 à 5 000 hectolitres. Il existe aussi encore des cuves en béton, dont l'intérieur est revêtu de carrelage ou de résine. Ces dernières représentent la transition entre les pièces et les cuves en Inox, apparues dans les années 60.

QUAND LES MOÛTS
DEVIENNENT DES VINS

C'est par la fermentation que les moûts deviendront des vins. Le principe est une transformation biologique, sous l'action de levures sélectionnées, des sucres du raisin en alcool et en gaz carbonique. Si la teneur en sucre des moûts est insuffisante, on pratique ce que l'on appelle la chaptalisation : l'ajout de sucre avant le démarrage de la fermentation. La chaptalisation a longtemps eu mauvaise presse parce que certains vignobles l'ont pratiquée à outrance et souvent sur des moûts de moindre qualité. Les énormes progrès réalisés en matière d'œnologie depuis une cinquantaine d'années ont conduit à une bien meilleure maîtrise de ce processus. Quoi qu'il en soit, on sait qu'il faut 17 grammes de sucre par litre pour obtenir ultérieurement 1 % d'alcool. Si nécessaire, on chaptalise en Champagne de manière à obtenir un volume d'alcool de 11 %.

première fermentation, un premier soutirage est fait, de manière à éliminer le plus gros des lies, susceptibles de donner des goûts désagréables. Si elle paraît simple à décrire, la bonne conduite des fermentations exige un grand savoir-faire et un suivi constant, assuré par le chef de cave et toute son équipe.

En principe, c'est après le premier soutirage qu'intervient la fermentation malolactique. En principe, parce qu'il se peut qu'elle ne se déclenche pas spontanément. Et si elle ne se déclenche pas, elle risque de se produire plus tard, dans les bouteilles, et peut alors perturber la prise de mousse, générer des mauvais goûts et surtout entraîner des difficultés lors du remuage. C'est la méconnaissance de la fermentation malolactique qui posa, jusqu'au début du siècle, tant de problèmes aux producteurs de champagne. Autant la fermentation alcoolique, dite tumultueuse, donc visible, voire audible, était une évidence, autant la fermentation malolactique, autrement plus sage, était ignorée. Les fermentations se déroulant par ailleurs en pièces, donc sans le moindre contrôle des températures, on comprend qu'obtenir un vin de base de qualité, qui mousse par la suite, n'était pas toujours si facile.

À l'issue de la fermentation, les vins sont soutirés à nouveau, puis subissent différents traitements qui amélioreront leur limpidité, c'est ce que l'on appelle les vins clairs. Ces vins peuvent prendre deux directions : soit ils participeront immédiatement aux assemblages, soit ils seront orientés vers des foudres (grands fûts de bois) ou des cuves pour constituer des vins de réserve qui entreront dans les assemblages des années suivantes.

Quelques rares maisons, comme Krug ou Bollinger, vinifient encore dans les traditionnelles pièces champenoises. Ces maisons élaborent des vins d'exception, généralement plus aptes à vieillir que ne le sont habituellement les champagnes. Ces vins ont de fervents amateurs dans le monde entier.

Un cellier au début du siècle. Les pièces nécessitent un espace beaucoup plus important que les actuelles cuves. À cette époque, toutes les maisons possédaient leur atelier de tonnellerie, qui employait jusqu'à vingt personnes.

La cave à vins de réserve de la maison Roederer. Toutes les maisons ne conservent pas, comme ici, leurs vins de réserve en foudres. Souvent, elles utilisent des cuves dans lesquelles les vins sont sous gaz inerte afin d'empêcher tout contact avec l'extérieur.

LVY
1 20

CAVES
VINS DE RESERVES

Afin de rendre étanches des pièces qui n'ont pas servi depuis l'année précédente, il est nécessaire de les abreuver. L'abreuvage dure trois semaines environ : on asperge d'abord d'eau les différentes faces extérieures des fûts. Ensuite ils seront remplis d'eau puis vidés et à nouveau bien rincés. Lorsque les pièces seront sèches, on procédera alors au méchage.

Le méchage est un traitement qui permet de désinfecter les fûts : on y fait brûler une mèche ou une plaque de soufre, soutenue par un crochet de fer. Les quelques maisons qui vinifient encore sous bois pratiquent toujours l'abreuvage et le méchage. Chez Krug, par exemple, ce sont quelque 3 500 fûts qu'il faut ainsi traiter chaque année avant la vendange.

Les Assemblages,
le secret du champagne

Les assemblages, également appelés préparation de la cuvée, ont pour but de tirer le meilleur parti de vins qui sont souvent de provenances très diverses et qui possèdent chacun leurs caractères propres. Entrent dans la composition de ces mariages une part importante de vins de l'année, ceux que l'on vient de vinifier, mais aussi des vins de réserve des années précédentes. Selon la diversité des crus dont ils disposent et la capacité de stockage des maisons, les œnologues peuvent décider d'assembler jusqu'à trente ou quarante vins différents, parfois même davantage.

Outre une bonne maîtrise de tous les aspects liés à son élaboration, les assemblages sont la clef de voûte de la réussite d'un champagne. La faiblesse des vins de certaines années peut ainsi être compensée par d'autres vins d'excellentes années. Attention, il importe de ne pas se méprendre sur le résultat recherché lors des assemblages : le but n'est pas d'additionner, en les juxtaposant, les qualités ou les défauts de différents vins, mais bien de les fusionner pour obtenir un nouveau vin. C'est par ce moyen, conjugué au talent de leurs œnologues, que les maisons de champagne parviennent, quelles que soient les caractéristiques de la vendange, à rester fidèles chaque année au style qui leur est propre. Nombre d'amateurs sont en effet attachés à une marque, sachant qu'ils y retrouveront toujours le type de vin bien particulier qu'ils apprécient. Mais une telle politique coûte cher, le personnel qualifié et le matériel de stockage sont onéreux, sans parler des vins de réserve dont le financement est extrêmement lourd. De ce fait, les maisons de négoce ont évidemment plus de facultés à obtenir des vins réguliers qu'un récoltant-manipulant ne disposant que d'un petit vignoble, qui lui permet, au mieux, d'assembler les vins de deux années différentes, ou, plus simplement, des vins de la même année mais provenant de parcelles différentes. La différence de prix entre les vins des grandes maisons et ceux des récoltants-manipulants trouve ici sa pleine justification.

LE CAS PARTICULIER DES MILLÉSIMES

À côté de la cuvée de base que constitue le brut sans année, et que, à quelques rares exceptions près, toutes les maisons possèdent dans leur gamme de vins, il existe aussi des champagnes millésimés. N'entrent dans la composition de leurs assemblages que des vins de l'année. Il faut donc que la qualité de la vendange permette de les élaborer, ce qui n'est pas forcément le cas tous les ans. Selon des critères qui lui sont propres, une maison peut donc choisir, pendant plusieurs années de suite si elle le juge ainsi, de ne pas faire de champagne millésimé.

Le soutirage en vue des assemblages. Les cuves en Inox désormais employées présentent, par rapport aux foudres d'autrefois, l'énorme avantage de permettre des assemblages à grande échelle, donc une meilleure homogénéité des cuvées.

Le grand entonnoir que l'on employait autrefois pour procéder au soutirage s'appelle une hanchette.

Pour procéder à l'élaboration de la cuvée, les œnologues font d'abord de nombreuses dégustations qui les conduiront à des projets de cuvée. Pour les aider dans cette tâche, qui est un véritable travail d'artiste, ils disposent d'analyses des vins mais aussi des livres de cuvée dans lesquels sont consignées les compositions des cuvées antérieures. Les caractères de chaque cuvée sont étroitement liés au terroir d'origine des vins et au pourcentage des différents cépages qui la composent.

Pendant que se déroulent le collage et les différentes filtrations des vins a lieu la préparation des bouteilles. À l'époque où celles-ci étaient moins solides qu'aujourd'hui, leur réception (à droite en haut), leur vérification et leur lavage (à droite en bas) exigeaient un personnel pléthorique.

COLLE ET KIESELGUHR

Les produits les plus couramment utilisés pour le collage sont les colles de poisson, une gélatine préparée à partir de la membrane interne de la vessie natatoire de certaines espèces d'esturgeons. Les colles de poisson, en provenance de Hollande, étaient déjà employées au début du XVIIIe siècle pour la clarification des vins. On emploie aussi beaucoup la bentonite, une roche blanche réduite en poudre, ou encore des alginates, extraits d'algues, ou de la caséine, substance protéique extraite du lait. Quant au kieselguhr, qui se présente sous la forme d'une poudre blanche, on le trouve à l'état naturel dans le sol, où il provient de la fossilisation des diatomées, une famille d'algues ayant la particularité de comporter une très forte proportion de silice.

Lorsque les projets de cuvée deviennent les cuvées définitives, – la tradition veut que le président de la maison participe à cette décision –, les assemblages sont alors réalisés grandeur nature dans les cuves. Mais, avant d'être tirés en bouteilles pour (enfin) prendre mousse, les vins assemblés devront encore subir une clarification, puis une stabilisation. Le collage, puisque c'est ainsi que l'on nomme l'ultime clarification, a pour but d'éliminer les micro-particules encore en suspension dans le vin. Pour ce faire, divers produits organiques et minéraux insolubles dans le vin sont utilisés. En traversant ce dernier, pour venir se déposer au fond des cuves, ils agiront à la manière d'un filet de pêche aux mailles très serrées, entraînant avec eux tout ce qu'ils rencontrent sur leur passage. Lorsque les vins sont collés, et après une période de repos, on procède à un dernier soutirage, dit soutirage sur colle, pour ne conserver que le vin fin clair. À l'issue du collage, il faut que les vins connaissent une période de froid. En effet, ceux-ci contiennent naturellement du tartre, qui a pour propriété de précipiter à basse température. Or, le champagne étant destiné à être servi frais et étant, de ce fait, amené à connaître ultérieurement des chocs thermiques ou de longs séjours au réfrigérateur, il risquerait de s'y former de peu agréables cristaux de tartre. Afin de prévenir cet inconvénient, les vins sont refroidis pendant quelques jours à – 5 °C environ, température correspondant au maximum d'insolubilité du tartre. Pour en éliminer les micro-cristaux, les vins ainsi stabilisés sont alors filtrés soit de manière mécanique sur des filtres recouverts de kieselguhr, soit par centrifugation. Tout est prêt désormais pour que ces vins, encore tranquilles, deviennent des vins mousseux au moyen d'une seconde fermentation qui aura lieu en bouteilles.

Dans les années 30, les bouteilles étaient éprouvées par un léger choc l'une contre l'autre.

Les champenoises sont des bouteilles lourdes : 900 grammes, soit près de 1,7 kg lorsqu'elles sont pleines. Elles sont livrées aseptisées aux producteurs, mais ceux-ci, presque toujours, les lavent à l'eau claire et leur font subir un séchage très poussé avant de les utiliser.

Moët & Chandon
Réception des Bouteilles

CHAMPAGNE LOUIS ROYER
Ay-Champagne (France)
7 — Rinçage des bouteilles
CHEF DE CAVE

10

La Prise de mousse

LE CHANTIER DE TIRAGE

Les chantiers de tirage sont aujourd'hui entièrement automatisés, mais on pouvait autrefois y voir jusqu'à deux cents personnes travaillant en même temps. C'est vers 1830 que l'on vit apparaître les premières tireuses à six, huit ou dix becs, permettant ainsi de remplir plusieurs bouteilles en même temps. Ensuite apparurent des tireuses qui étaient reliées aux foudres d'assemblage par des réseaux complexes de tuyaux, évitant ainsi de nombreuses manipulations. À la fin du XIXe siècle, les premières tireuses électriques furent utilisées.

Légalement, le tirage en bouteilles ne peut avoir lieu avant le 1er janvier de l'année suivant la vendange. Ces vins destinés au tirage sont secs. Afin que la seconde fermentation puisse avoir lieu, il faut leur ajouter une liqueur de tirage. Le mot liqueur est à prendre ici dans son sens premier de substance liquide et n'a donc rien à voir avec un quelconque spiritueux. Il s'agit d'un mélange composé du vin de la cuvée que l'on va mettre en bouteilles, de sucre, de betterave ou de canne, et de levures. La concentration de la liqueur de tirage varie entre 500 et 750 grammes de sucre par litre. Quant aux levures, elles sont incorporées à la liqueur sous la forme d'une culture liquide, préparée dans du vin sucré, le levain. Ces levures sont sélectionnées de manière à n'avoir aucune incidence sur le goût des vins. Le volume de liqueur de tirage ajouté à la cuvée est fonction de la pression souhaitée et le mélange se fait dans des cuves munies d'agitateurs qui vont brasser lentement le vin de manière à assurer une bonne répartition du sucre et des levures. Aussitôt le tirage en bouteilles effectué, ces dernières sont hermétiquement closes avec une capsule-couronne, puis descendues en caves. C'est là que va se faire la prise de mousse, qui durera entre six semaines et deux mois. Comme la première, la seconde fermentation dégage du gaz carbonique, mais celui-ci est contraint, cette fois, de rester emprisonné dans la bouteille et de se dissoudre dans le vin. La législation impose un temps de séjour en caves de quinze mois au minimum pour les vins non millésimés et de trois ans pour les vins millésimés, à compter de la date de tirage en bouteilles.

C'est à ce stade que l'Institut national des appellations d'origine contrôlée (INAO) procède à l'analyse et aux dégustations obligatoires pour l'obtention de l'appellation. Bien des maisons conservent leurs vins plus longtemps que le délai imposé : il n'est pas rare que les vins non millésimés séjournent jusqu'à trois ans en cave, tandis que des vins millésimés pourront y rester pendant cinq ans.

On dit des bouteilles qui reposent ainsi en cave, afin qu'ait lieu la prise de mousse, qu'elles sont entreillées ou encore sur lattes, car de petites lattes de bois les séparent pour éviter qu'un tas ne puisse s'effondrer.

Avant l'apparition des capsules-couronnes, dans les années 60 (ci-contre), on employa d'abord de la ficelle, puis des agrafes (ci-dessous). Les agrafes sont toujours utilisées pour les grands contenants, comme les magnums (en bas).

Les Caves

Les caves de Champagne sont particulièrement bien adaptées au vieillissement des vins. Il y fait une température constante, été comme hiver, de 10 à 12 °C, et, de plus, la craie absorbe les excès d'humidité, qu'elle rediffuse dès que l'atmosphère devient plus sèche. Dans cette ambiance fraîche et sereine, les vins poursuivent leur évolution ; les levures libèrent certains de leurs constituants, dont les acides aminés, précurseurs des arômes de vieillissement, ou encore arômes tertiaires. C'est en effet une des originalités de la méthode d'élaboration du champagne que ce contact de plusieurs années entre les lies de seconde fermentation et le vin. Toutes les maisons de champagne rémoises ne bénéficient pas de crayères gallo-romaines pour faire vieillir leurs vins. Seules quelques privilégiées comme Ruinart, Veuve Clicquot, Pommery, Charles Heidsieck ou encore Taittinger ont cette chance esthétique. Les autres maisons, y compris celles d'Épernay, ont des caves plus rectilignes – ce qui n'enlève rien à leurs qualités –, qui ont été généralement creusées lors de leur avènement. Ces percements de caves furent souvent d'ailleurs d'extraordinaires chantiers aux dimensions titanesques.

Ci-contre, à gauche, une crayère célèbre : elle est en forme de bouteille de champagne et appartient à la maison Charles Heidsieck.

Le Remuage

À gauche en haut : le principe de la table de remuage horizontale, inventée par Mme veuve Clicquot. La légende veut qu'elle ait découpé une table de son propre mobilier pour procéder à ses premiers essais.
À gauche en bas : les traditionnels pupitres en bois. Un bon remueur peut remuer jusqu'à 40 000 bouteilles par jour. Il saisit dans chaque main une bouteille par le fond et lui imprime un mouvement de rotation de 1/8e de tour.
Ci-dessous : une cage hexagonale dans laquelle sont superposés trois lits de bouteilles, ce qui permet de remuer 381 bouteilles en même temps.

Après le vieillissement intervient le remuage, qui a pour but de concentrer le dépôt dans le goulot de la bouteille. L'invention de la table à remuer horizontale est à porter au crédit de Mme veuve Clicquot. Soucieuse d'obtenir les vins les plus clairs possible, elle fit de nombreux essais. D'abord avec de simples trous pratiqués dans une table puis, à partir de 1818, elle fit percer des trous obliques afin que les bouteilles puissent être disposées selon des angles différents. Cette amélioration permettait, en plus de concentrer le dépôt dans le goulot, de faire glisser, en les penchant peu à peu, les sédiments collés aux parois de la bouteille. On ne pratique pas autrement aujourd'hui, à la différence près que les tables horizontales ont été remplacées, vers 1840, par les pupitres, qui ont l'avantage de prendre beaucoup moins de place. Vers 1970 sont apparues les cages hexagonales, qui, toujours selon le même principe, permettent de remuer plusieurs centaines de bouteilles en même temps. De plus, les levures employées aujourd'hui donnent des lies qui collent beaucoup moins qu'autrefois aux parois des bouteilles.

DE L'HORIZONTALE À LA VERTICALE

Pour être remuées, les bouteilles sont mises sur pointes dans les pupitres, d'abord presque à l'horizontale. Puis, à partir du quinzième jour environ, les bouteilles commencent à être relevées tout en étant toujours tournées, de manière à se retrouver presque à la verticale. Le remuage se fait quotidiennement ou tous les deux jours et dure, selon les cas, de un à trois mois.

Dégorgement

et dosage

Pour le dégorgement à la volée, la bouteille est débouchée dans une guérite de dégorgement, généralement un fût aménagé à cet effet, à l'aide d'une pince de homard. Si le dégorgement se déroule en cave, la guérite est assortie d'une bougie, plus tard d'une ampoule électrique, pour que le dégorgeur puisse mirer le vin et vérifier qu'il n'y subsiste pas de dépôt. Dans les petites exploitations, le dégorgement à la volée est toujours pratiqué.

Le remuage ayant concentré le dépôt sur la capsule-couronne, le dégorgement va consister à les expulser tous les deux, en utilisant la pression du vin à l'intérieur de la bouteille. Autrefois, cette opération était manuelle et s'exécutait à la volée. Elle exigeait une dextérité certaine car, du même geste, il fallait extraire le bouchon, éliminer le dépôt, en prenant bien garde de ne pas le dissiper dans le vin, mais faire aussi attention à ne pas avoir une perte de vin trop importante. Aujourd'hui, le froid artificiel a beaucoup facilité cette tâche : les bouteilles, pointes en bas, circulent sur un plateau mobile et le col trempe pendant une vingtaine de minutes dans un bac contenant une saumure dont la température est de – 20 °C environ. Le dépôt se trouve ainsi transformé en glaçon et peut être expulsé aisément. Pour combler l'espace laissé par le dégorgement, on ajoute alors une liqueur dite d'expédition, composée de sucre de canne dissous dans des vins vieux. La quantité de sucre varie selon que l'on cherche à obtenir un vin demi-sec, sec ou brut. Le dosage est aujourd'hui entièrement automatique et se fait sur des chaînes où interviennent de nombreux contrôles de qualité par le mirage des bouteilles qui passent devant des sortes de boîtes à lumière permettant de vérifier la pureté des vins par transparence. Il peut arriver aussi, entre le dégorgement et le dosage, qu'un chopinage soit nécessaire, c'est-à-dire une mise à niveau avec le même vin, de manière qu'après l'introduction de la liqueur d'expédition, la bouteille soit remplie exactement à 75 centilitres.

LA PRÉCISION DU DOSAGE

Le dosage répond à une réglementation précise qui correspond à un nombre de grammes de sucre ajoutés par litre de vin. Ainsi, un champagne :

- demi-sec est dosé entre 33 et 50 grammes ;
- sec est dosé entre 17 et 35 grammes ;
- extra dry est dosé entre 12 et 20 grammes ;
- brut est dosé à moins de 15 grammes ;
- extra brut est dosé entre 0 et 6 grammes.

Pour une teneur de moins de 3 grammes, les mentions brut nature, non dosé ou encore dosage zéro peuvent être utilisées. Chaque maison dispose ainsi d'une marge de manœuvre pour doser ses vins en fonction du style particulier de ces derniers.

Autrefois, le dosage se faisait bouteille par bouteille, à l'aide de petites doseuses, la contenance de chacune d'entre elles correspondant à un goût particulier : goût russe (très dosé), goût américain (moyennement dosé), goût anglais, etc.

Une machine à doser dans les années 50 : bien que présentant un réel progrès par rapport au dosage manuel, notamment dans la précision, une telle machine oblige encore à une manipulation bouteille par bouteille.

Bouchons
et muselets

Un bouchon neuf avant utilisation : il est constitué de liège aggloméré, le manche, dont une extrémité est recouverte de deux rondelles de liège plein. La seconde rondelle, qui sera en contact avec le vin, s'appelle le miroir.

Contraint par le muselet, qui le maintient en place, le bouchon prend sa forme caractéristique de champignon.

Au bout de plusieurs années, le bouchon a perdu de son élasticité et devient un bouchon en forme de cheville.

Jusque dans les années 1870, on pratiquait le bouchage à la ficelle disposée en croix. D'abord exécutée complètement à la main, cette opération s'effectua ensuite avec des ficeleuses mécaniques qui permettaient d'opérer plus vite et surtout assuraient une solidité plus grande du ficelage.

Bouchon et ficelle étaient ensuite recouverts d'une couche de cire dont la couleur pouvait varier selon les maisons, voire selon les différents types de champagne d'une même maison.

Le bouchon à champagne a une hauteur de 48 millimètres et un diamètre de 31 millimètres. Pour parvenir à le faire pénétrer dans le goulot de la bouteille, il faut lui faire subir une compression de 50 % environ, afin de le ramener à 17 millimètres environ. Même si autrefois les bouchons n'étaient pas aussi gros, et surtout pas aussi réguliers de forme, les ouvriers chargés de cette tâche ne disposaient que d'un maillet, appelé batte. Puis apparurent, vers 1860, les machines à mouton qui comprimaient le bouchon entre deux rainures verticales, facilitant ainsi sa mise en place.

Le ficelage, destiné à empêcher toute sortie intempestive du bouchon, fixe ce dernier à la bague de la bouteille. Ce sont les agrafes employées pour le tirage qui donnèrent peu à peu l'idée d'utiliser aussi le fer pour le bouchage final. Ainsi apparurent les muselets vers 1870. Cela étant, certaines maisons restèrent longtemps fidèles au ficelage et certaines le pratiquèrent jusque vers 1900.

Lorsque la bouteille a été bouchée et muselée, on procède au poignetage, qui a pour but de mélanger intimement la liqueur d'expédition au vin. L'ensemble des opérations de bouchage et de pose du muselet se font désormais automatiquement et font partie de l'ensemble que constitue un chantier de dégorgement.

Avant la pose du muselet, on met sur le bouchon une plaque de muselet dont les quatre encoches vont servir à maintenir le muselet. En simple fer-blanc à l'origine, certaines de ces plaques sont devenues de véritables pièces de collection.

1993
VEUVE CLICQUOT PONSARDIN
CHAMPAGNE DEUTZ
Henri Abelé Reims Champagne
CHAMPAGNE DE CASTELLANE
FORTIS EXPORT
DUVAL LEROY
CHAMPAGNE POL ROGER EPERNAY
MERCIER EPERNAY
PERRIER JOUËT EPERNAY
PRIOUX EXTRA
A.S EXTRA
Ruinart

DUVAL-LEROY
POL ROGER & C° EPERNAY
Laurent-Perrier
DEUTZ
MERCIER
Ruinart REIMS
Brut Royal
1990

Veuve Clicquot
PERRIER JOUËT
MERCIER
PERRIER JOUËT
CUVÉE BELLE ÉPOQUE
MAISON FONDÉE A REIMS EN MIL SEPT CENT SOIXANTE DOUZE
Veuve Clicquot
CASTELLANE
CHAMPAGNE
Charles Heidsieck
BRUT RÉSERVE
Charles Heidsieck
RÉSERVE CHARLIE
Brut
1990
Veuve Clicquot Ponsardin
LA GRANDE DAME
Champagne
BRUT
REIMS FRANCE
CHAMPAGNE
Charles Heidsieck
BLANC DES MILLÉNAIRES
MILLESIMÉ 1985 VINTAGE
1ER CRU
& CHANDON
ROSÉ BRUT

Habillages et expéditions

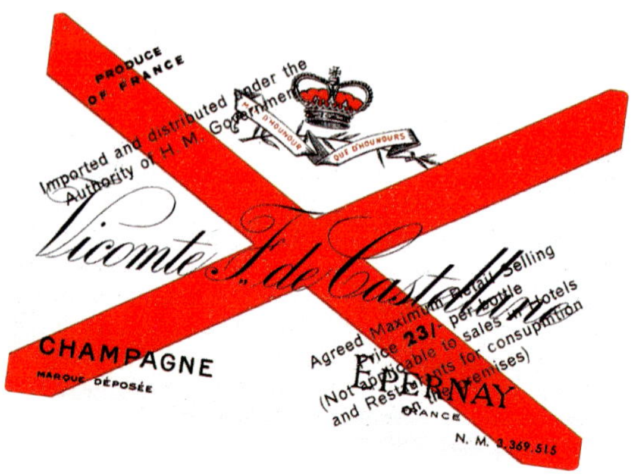

C'est vers le milieu du XIXe siècle, encore que cela puisse être extrêmement variable selon les maisons, que fut abandonnée la cire qui recouvrait les bouchons (à droite) au profit d'une feuille d'étain que l'on froissait bien serré sur le bouchon.
Vers la fin du XIXe siècle, ces simples feuilles d'étain furent remplacées par des stanioles – nom dérivé du mot « étain » – (à l'extrême droite), à mi-chemin entre les feuilles d'étain et les sophistiquées capsules de surbouchage actuelles. Celles-ci sont désormais faites d'aluminium ou d'un mélange d'aluminium et de polyéthylène.

C'est sous le terme d'habillage, tout compte fait très charmant, que l'on désigne les différents éléments qui permettront d'identifier une bouteille de champagne : étiquette, éventuellement contre-étiquette, capsule de surbouchage, collerette, pour la partie visible, ainsi que muselet et plaque de muselet, pour la partie non visible. De par la nature fougueuse du vin qu'elle renferme, l'habillage d'une bouteille de champagne est, d'entre tous les vins, l'un des plus sophistiqués. Il a beaucoup évolué au fil du temps, dans son aspect comme dans les matières employées. Après le dosage et le bouchage, les bouteilles subissent un soigneux lavage, puis sont orientées vers le chantier d'habillage. Aujourd'hui, toutes ces opérations sont automatisées, jusqu'à la mise en cartons, voire la mise des cartons sur les palettes d'expédition; mais autrefois, les habillages mobilisaient un personnel très important: on estime qu'une bouteille, entre le dosage et l'expédition, passait entre les mains de pas moins de vingt personnes !
Dès ses débuts, le champagne a voyagé loin, et, là où d'autres vins étaient expédiés en fûts, le champagne était transporté en bouteilles. Ce qui exigea dès l'origine un soin particulier pour son emballage. Paniers, caisses, ainsi que des tonnes de paille, étaient nécessaires à un bon conditionnement.

L'habillage manuel dans les années 50. Ici, la pose de la capsule de surbouchage, ou staniole. Dans les grandes maisons de champagne, toutes les opérations relevant des habillages sont automatisées. En revanche, dans les petites exploitations, l'habillage se fait toujours à la main.

Des chantiers d'habillage au début du siècle. À droite en haut chez Henri Abelé, à Reims, et à droite en bas, chez Canard-Duchêne, à Ludes.

Double page suivante : expéditons pour les États-Unis dans le port du Havre, en 1933.

CHAMPAGNE
CANARD-DUCHÊNE

Jusque vers 1850, les expéditions à destination de la France et des pays limitrophes se faisaient en paniers de 50 à 100 bouteilles. Les frais « d'empaillage et de conditionnement » étaient à la charge des acheteurs et se montaient à l'époque à 20 centimes par bouteille.

Après la simple paille, le calage des bouteilles dans les caisses et paniers fut sophistiqué par l'invention des paillons, sorte de manchons faits de brins de paille et reliés entre eux par un maillage de ficelle fine. Sur la carte postale ci-contre, qui représente un chantier d'expéditions en 1906, on peut voir, sur la gauche, un homme qui range, dans un panier, ces bouteilles recouvertes de paillons, qui ont été préalablement emballées dans du papier de soie.

Le hall d'expéditions de la maison Moët & Chandon dans les années 30. Chaque caisse était étampée à feu au nom du destinataire à l'aide d'un fer, comme celui qui figure sur la photo ci-dessous. On imagine ce que devait représenter ne serait-ce que les stocks de ces fers ! Dans une maison de taille moyenne, les ateliers annexes, comme le tri et le marquage des bouchons, le marquage des caisses, les habillages, mais aussi la fabrication et l'entretien des fûts, employaient plus de personnel que les chantiers directement liés au travail des vins.

Un manchon de carton, utilisé comme protection jusque dans les années 60, notamment pour les magnums et grands contenants.

Dans les colonies britanniques, le chargement de caisses de champagne Mumm, millésime 1949, à bord d'un avion de la Royal Air Mail.

Lire les Étiquettes anciennes

L'usage courant des étiquettes ne remonte, en Champagne, qu'à la fin du XVIIIe siècle, et plus tardivement encore dans les autres régions viticoles. Tout au long du XIXe siècle, la maîtrise de plus en plus grande des techniques d'élaboration du champagne permettra aux grandes maisons de champagne de progressivement proposer sous leur nom une gamme suivie d'une année sur l'autre. En dépit de ces progrès, il faudra du temps pour que se perde l'habitude d'utiliser une multitude de dénominations qui correspondaient le plus souvent à l'irrégularité de la mousse obtenue. Ces noms très différents donnés aux vins produits en Champagne subsisteront jusqu'à la fin du XIXe siècle, et même, pour certains, jusqu'à l'avènement de l'appellation d'origine contrôlée, en 1936.

Le mot « champagne » n'apparaîtra sur les étiquettes que vers 1880. Avant cette date, on employait des noms de villages. Parmi ceux-ci, Ay et Sillery avaient la cote, ayant une longueur d'avance sur Verzenay ou Bouzy. Paradoxalement, l'indication d'une provenance géographique, même si dans les faits elle n'était pas toujours respectée, était contraire au principe qui depuis a fait la gloire du champagne : les assemblages.

Même lorsque le nom de « champagne » supplanta toute autre dénomination, il n'était pas encore, comme il l'est aujourd'hui, forcément synonyme de vin mousseux. C'est pourquoi, le cas échéant, on le précisait sur l'étiquette. On pouvait aussi trouver la mention « grand mousseux », indiquant alors une pression supérieure à un simple mousseux.

La mention « fleur », si elle est très jolie, n'indique aucune qualité particulière, c'était une fantaisie qui plaisait et qui eut son heure de gloire…

…tout comme la mention « crème », qui ne correspondait à rien de particulier, puisqu'elle ne signifiait même pas que le vin était un crémant. C'était un mot générique qui plaisait et était fréquemment employé, tout comme « royal » ou encore « réserve ».

Le crémant était un vin « demi-mousseux », dont la pression était donc moins forte que celle d'un mousseux ou d'un grand mousseux. Il produisait une légère mousse blanche dans le verre lorsqu'on le versait, et l'on disait alors qu'il crémait.

À côté des vins rouges tranquilles subsista longtemps un vin d'un rosé délicat, qui était peu ou très faiblement mousseux. Il était connu sous le nom de vin œil de perdrix, ou encore vin paillé.

La tisane de champagne était un vin de qualité modeste, souvent blanc, très peu pétillant, et même quelquefois tranquille. On se servait généralement pour l'élaboration des jus issus du pressurage de la seconde taille, du temps où celle-ci était divisée en deux, ce qui n'est plus le cas aujourd'hui.

Jusque vers 1870, la notion de millésime est très floue, et il faut bien dire que le mot même n'est pas employé. Il pouvait arriver cependant que l'on datât certaines étiquettes, mais seulement dans le cas de millésime exceptionnel, comme cette année 1811, dite « de la comète ».

Bien qu'assez récente, cette étiquette est amusante puisqu'elle date de l'époque qui se situe entre 1908, date du décret délimitant les zones aptes à produire du champagne, et 1936, date de l'appellation champagne.

L'expression « carte », assortie d'un nom de couleur, était tout simplement une manière de différencier les étiquettes les unes des autres. Le mot carte vient du latin charta, qui veut dire « papier » : cela signifie donc papier bleu ou papier noir. Aucune couleur ne correspondait à aucune qualité particulière. Quant au vin « de cabinet », c'est une allusion (un rien libertine) à la mode des cabinets particuliers qui étaient très en vogue à la fin du XVIIIe siècle.

Destinées à conquérir un public particulier, ces étiquettes ne manquent ni de charme ni même parfois d'humour. Reste à savoir quelle sorte de champagne pouvait bien contenir la bouteille...

Quant à celles-ci, elles sont d'un graphisme plutôt séduisant et contrastent nettement avec les étiquettes actuelles, quelquefois un peu guindées et sans grande fantaisie.

POMMERY
Brut Royal
CHAMPAGNE
POMMERY
REIMS-FRANCE
PERRIER JOUËT
CHAMPAGNE BRUT
DEPUIS 1811
DUVAL-LEROY
ROEDERER
CHAMPAGNE
CHARLES VII
CHARLES VII
GRANDE CUVÉE
Canard-Duchêne
CHAMPAGNE
A LUDES FRANCE
1868
ROSÉ
750 ml
BRUT
12 % Vol.
KRUG
GRANDE CUVÉE
CHAMPAGNE
GRANDE CUVÉE
KRUG
REIMS
BRUT 12%vol
PRODUCT OF FRANCE
75cl e

Champagne !

Une maison de champagne ne vend pas du champagne mais des champagnes. Et tous n'ont pas les mêmes caractéristiques. La qualité à travers laquelle une marque exprime tout son savoir-faire est sans conteste le brut sans année. À quelques rares exceptions près, c'est le brut sans année qui fait que l'on s'attache à une maison. Viennent ensuite les vins millésimés, qui ne sont pas produits systématiquement tous les ans. Les millésimés peuvent être blancs ou rosés et deux millésimes ne sont jamais identiques puisqu'ils sont le reflet des caractéristiques d'une vendange. Depuis les années 60, la quasi-totalité des maisons élabore aussi des cuvées spéciales qui se distinguent par une exigence accrue de qualité. Elles sont d'ailleurs généralement beaucoup plus chères que les autres vins. Outre cette gamme de base, beaucoup de maisons proposent des vins particuliers, comme des blancs de blancs, des blancs de noirs, des crémants, quelquefois des vins rouges, bouzy ou coteaux champenois. Et l'on assiste, depuis une dizaine d'années, à un retour en force des demi-secs.

Les vins bruts sans année, ou non millésimés, représentent le volume le plus important de la production de champagne. Qualité de base d'une maison, le brut sans année est aussi le vin par lequel une marque exprime tout son talent. Il lui faut en effet, chaque année, quelles que soient les caractéristiques de la vendange, parvenir, avec l'aide des vins de réserve, à obtenir le fameux goût qui fait que sa clientèle lui est attachée.

Les champagnes millésimés, qu'ils soient blancs ou rosés, sont issus exclusivement d'assemblages de vins d'une même année. Mais les maisons ne choisissent de millésimer un vin que lorsque la qualité de la vendange le permet. Dans ce domaine, il n'y a cependant pas de règles communes : une même année, une maison pourra décider de faire un vin millésimé, tandis que sa voisine n'en élaborera pas.

Le champagne rosé peut être obtenu de deux manières : soit il est vinifié comme un vin rosé, avec foulage du raisin et soutirage dès que la teinte souhaitée est obtenue ; soit on procède par adjonction de vin rouge, au stade de la cuvée. Cette méthode, prohibée dans toutes les autres régions de France, est ici tout à fait logique puisqu'elle relève des assemblages.

Les blancs de blancs sont des champagnes qui ne sont issus que du seul cépage chardonnay, raisin blanc à peau blanche. Ce sont généralement des vins délicats et nerveux. Quoique plus rares, il existe aussi des blancs de noirs, issus du pinot noir, voire du pinot meunier, qui ont beaucoup de corps.

Les demi-secs sont des champagnes plus dosés que les autres. Ces vins ont longtemps souffert d'une mauvaise réputation, souvenir lointain d'une époque où des vinifications pas toujours bien maîtrisées conduisaient à masquer certains défauts par des ajouts excessifs de sucre. Ce n'est plus le cas aujourd'hui et les demi-secs offrent de vrais plaisirs gustatifs, différents des autres champagnes, puisque plus sucrés.

Bien que limités en quantité, il faut savoir qu'il existe aussi en Champagne des vins rosés tranquilles, le rosé des riceys, provenant uniquement de la commune du même nom, ainsi que des vins rouges, également tranquilles, qui portent l'appellation coteaux champenois. Les plus réputés sont ceux de Bouzy, avec un nez caractéristique de violette.

Les cuvées spéciales, dites aussi cuvées de prestige, représentent le fleuron des maisons de champagne. Elles peuvent être millésimées ou non, être élaborées en blancs ou en rosés, ou les deux. Leurs noms sont souvent un hommage au fondateur, ou à la fondatrice, de la maison et elles bénéficient presque toujours d'une forme de bouteille et d'un habillage particuliers.

Délices CHAMPENO
DELICES CHAMPENOISES
Champagne
Taittinger :
ne serait ce qu'une fois
dans votre vie
CLICQUOT
MAILLY
MOET
TAITTINGER
VESSELLE

De la flûte aux lèvres

Le Champagne et la loi

En regard de son immense notoriété, le champagne est un produit rare. La production mondiale de vins qui moussent est, en effet, de l'ordre de deux milliards de bouteilles par an. Le champagne n'y contribue que pour un peu moins de trois cents millions de bouteilles, soit 15 % environ. Comme tous les produits désirables et coûteux, le champagne a fait, et continue à faire, bien des envieux. C'est ainsi que, depuis le milieu du XIXᵉ siècle, le Comité interprofessionnel du vin de Champagne consacre une part importante de son budget et de son énergie à combattre les contrefaçons, imitations et autres usages illicites du nom champagne. Domaine où il y a fort à faire car les systèmes juridiques de certains pays ne sont pas toujours des plus coopérants. Et pourtant, il n'est pas bien difficile de comprendre que le mot champagne n'est en aucun cas un nom générique servant à désigner une manière d'élaborer un produit, en l'occurrence un vin mousseux :

Un pseudo-champagne australien commercialisé en Nouvelle-Zélande : le procès contre le producteur, Penfolds, un des plus gros producteurs australiens de vins, a duré cinq ans. L'argument de ce dernier était : dès lors qu'il est précisé champagne « australien », les consommateurs savent bien qu'ils n'achètent pas du vrai champagne !

Cette bouteille contient une boisson gazeuse anglaise sans alcool, aromatisée au sureau. À l'issue d'un procès riche en rebondissements, le président de la cour a estimé que tout produit qui n'était pas du champagne mais qui se présentait comme tel concourait à en éroder la distinctivité, causant ainsi un préjudice insidieux mais réel…

Ainsi qu'en témoignent ces étiquettes, du siècle dernier, l'utilisation abusive de l'appellation champagne n'est pas une nouveauté ! Le premier procès gagné par l'interprofession remonte au 26 juillet 1889.

c'est le nom d'une région et seuls les vins issus de cette région peuvent prétendre utiliser cette appellation. Il ne viendrait à l'esprit de personne de dire du «bordeaux d'Australie» ou du «bourgogne du Chili» ! Même si les vins provenant des pays en question peuvent avoir la même couleur, voire des caractéristiques similaires, et être élaborés selon des méthodes proches de celles utilisées par ces grandes régions viticoles françaises. On admettra alors sans difficulté que des expressions comme « champagne de Californie » ou « champagne de Crimée » n'ont aucun sens. Cela étant, la concurrence directe n'est pas le seul problème des Champenois. Ils doivent aussi faire face à des problèmes de concurrence indirecte qui peuvent être assimilés à des détournements de notoriété. C'est le cas par exemple de boissons, certes pétillantes, mais non alcoolisées, qui ont tenté de s'approprier la notoriété acquise par le champagne. Autre problème non moins épineux : la lutte contre la banalisation du mot champagne. Tout le monde se souvient de la fameuse cigarette Champagne lancée simultanément dans plusieurs pays par la Seita en 1980. Plus récemment, le parfum d'Yves Saint Laurent a fait les gros titres des journaux en Europe, mais aussi aux États-Unis et au Japon. Évidemment, on pourrait considérer qu'il est plutôt flatteur pour le champagne qu'une maison aussi prestigieuse qu'Yves Saint Laurent décide de dénommer ainsi un de ses produits tout aussi prestigieux. Mais le problème est que l'utilisation du nom ne devait pas se limiter au seul parfum mais à toute une ligne de produits, dont des savonnettes, des crèmes, etc. De plus, et surtout, il

AOC
ET DÉNOMINATION
GÉNÉRIQUE

Il ne faut pas confondre l'AOC avec la dénomination générique, qui concerne des produits désignés autrefois par le noms des villes ou des régions où ils étaient élaborés, mais qui, depuis, ont été largement imités. Ainsi la « moutarde de Dijon » ou le « nougat de Montélimar » indiquent simplement un genre de produit. Il ne faut pas non plus assimiler l'AOC à une indication de provenance qui a pour seul objet de désigner le lieu de fabrication d'un produit, mais ne garantit aucunement la qualité, comme la « choucroute d'Alsace ». Enfin, l'AOC n'est pas non plus une marque commerciale, mais une propriété collective incessible.

Boissons gazeuses ayant tenté de profiter de l'image du champagne.

Verraten Sie schon beim Mineral-
wasser die Linie Ihres Hauses.
Perrier
Ein Champagner
unter den Mineralwässern.
Das Prestige-Mineralwasser für
den gehobenen Anspruch. Nach
Riesenerfolgen in aller Welt (nach
nur 2 Jahren Nr. 1 in USA) jetzt
auch in Deutschland.
Wann sagen Ihre Gäste A vôtre
Perrier?
SOURCE
Perrier
UN CHAMPAGNE DES EAUX MINERALES
Perrier

CHAMPAGNE
20 FILTER CIGARETTES

CHAMPAGNE
EAU DE TOILETTE
YVES SAINT LAURENT

« Un champagne parmi les eaux minérales », c'est ainsi que la société Eckes, importateur de Perrier en Allemagne, entendait vendre son eau minérale. Tranchée en 1987, cette affaire conduit le tribunal allemand à considérer que d'associer son propre produit à un produit prestigieux, afin d'exploiter la réputation de ce dernier, est purement et simplement une exploitation de renommée par assimilation. Par conséquent, la notoriété du champagne appartient aux seuls producteurs de champagne.

ne faut pas créer de précédents qui laisseraient la porte ouverte à tous les abus. Et il y va du crédit d'une appellation tout entière, et aussi du crédit de l'ensemble des appellations d'origine. Il faut admettre que les Champenois ont été les premiers à s'imposer des règles strictes qui ont largement participé au succès durable du champagne. Depuis la création de l'appellation, régulièrement des pierres viennent s'ajouter à l'édifice, qui sont autant de contraintes pour les producteurs et autant de protections supplémentaires pour le consommateur. Dans ce contexte, on comprend que l'ensemble de la profession s'oppose vivement à des pratiques qui risqueraient de mettre en péril le prestige de leur appellation.

Tentatives d'appropriation du nom du champagne pour des… bains moussants !

Le parfum d'Yves Saint Laurent qui fit tant de bruit et qui s'appelle désormais Yvresse.

Le 7 mars 1981, on pouvait lire dans le Figaro *: « Champagne, la première cigarette multinationale. Pour la première fois, cinq entreprises publiques appartenant à cinq pays différents, le Japon, l'Italie, l'Autriche, le Portugal et la France, se sont rassemblées pour lancer une nouvelle cigarette, "Champagne". Une cigarette multinationale, en quelque sorte, et qui bénéficie d'un nom prestigieux connu dans le monde entier. » Ainsi la Seita entendait-elle exploiter à son profit le nom du champagne, mais, de surcroît, elle concédait des licences d'exploitation à des monopoles de différents pays ! Selon le principe général de l'abus de droit, le Comité interprofessionnel du vin de Champagne obtint gain de cause par un jugement du 5 mars 1984, qui condamnait la Seita à abandonner son dépôt de marque.*

Les Grandes maisons de champagne

Le négoce champenois est constitué de 265 entreprises qui réalisent les deux tiers environ du total des expéditions. Parmi ces maisons, les dix plus importantes vendent annuellement chacune plus de six millions de bouteilles, ce qui représente 51 % des expéditions totales du négoce. La moitié restante de ces dernières se divise en une quarantaine de maisons – qui vendent chacune entre 700 000 et cinq millions de bouteilles – qui en réalisent 33 %, tandis que 210 entreprises de taille plus petite se partagent les 16 % restants. Ces quelques chiffres permettent de comprendre la structure particulière de l'organisation du champagne, où se côtoient, dans une remarquable stabilité, maisons anciennes et structures plus récentes, groupes géantissimes et affaires familiales. Depuis quelques années, en effet, de nombreux regroupements ont eu lieu et certaines maisons ont changé plusieurs fois de mains en peu de temps. Tous ces bouleversements ont eu tendance à faire disparaître ce qui était une des caractéristiques du grand négoce champenois : les liens de parenté, parfois fort anciens, qui existaient très souvent entre les dirigeants de ces grandes maisons (voir les brèves monographies dans les pages suivantes). L'arrivée de nouveaux dirigeants, rompus aux techniques de management planétaires et issus d'horizons différents, est un bien pour le champagne, à la seule condition que ne soit pas oublié, et négligé, tout le patrimoine historique et culturel qui a toujours fait la force du champagne.

Géographiquement, le négoce se concentre dans les villes de Reims (Veuve Clicquot, Charles Heidsieck, Taittinger, Mumm…) et d'Épernay (Moët & Chandon, Mercier, de Castellane, Perrier-Jouët, groupe Marne et Champagne…). Quelques maisons faisant un peu bande à part autour des villages d'Ay et de Tours-sur-Marne (Ayala, Bollinger, Deutz ou encore Laurent-Perrier).

Affiche dessinée par Gruau, pour le Comité interprofessionnel des vins de Champagne.

Moët & Chandon

Lorsque Claude Moët fonde sa maison, en 1743, il ne se doute sûrement pas qu'elle sera, plus de deux siècles et demi plus tard, le géant qu'elle est aujourd'hui. C'est sur l'exportation que Claude Moët misa dès l'origine : Belgique, Angleterre, Allemagne, Espagne, et, dès 1762, la Russie. Moët deviendra « & Chandon » en 1832, lorsque l'arrière-petit-fils du fondateur, Victor Moët, s'associe avec son beau-frère, Pierre-Gabriel Chandon de Briailles. Restée familiale jusque-là, la maison est introduite à la Bourse de Paris en 1962. Ce choix de stratégie est à l'origine du développement spectaculaire que la société n'a jamais cessé de connaître depuis cette date. Dans le champagne d'abord, avec le rachat de Ruinart et de Mercier. Puis, à partir de 1971, commence une diversification des activités avec le contrôle des parfums Christian Dior, le rapprochement avec la maison de cognac Hennessy et la création du holding Moët-Hennessy. Puis, en 1987, c'est le rapprochement avec le groupe Louis-Vuitton, célèbre malletier, mais aussi propriétaire de trois marques de champagne, Veuve Clicquot, Canard-Duchêne et, à l'époque, Henriot, et des parfums Givenchy. Enfin, en janvier 1991, le rachat à BSN de la maison Pommery. Dans le même laps de temps, plusieurs « domaines Chandon » étaient créés à l'étranger, en Californie, dans la Napa Valley, au Brésil, en Australie, en Espagne... Moët & Chandon a toujours une politique de communication à la mesure de sa taille, ce qui en fait une marque connue et présente dans le monde entier.

Publicités pour les marchés étrangers, et déjà (en haut) un penchant pour la course automobile, dès 1902.

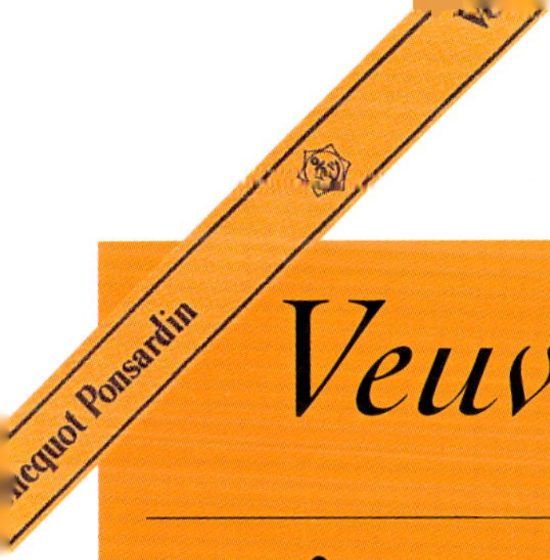

Veuve Clicquot

C'est, sans conteste, à la réussite de Mme veuve Clicquot que l'on doit cette sorte de vogue des veuves en Champagne. Son extraordinaire exemple fit bien des jaloux. Devenue veuve en 1805, ce qui en soi n'a rien d'enviable, Nicole-Barbe Ponsardin, épouse de Philippe Clicquot, décide de poursuivre l'affaire que feu son mari avait fondée en 1772.

Les débuts, et l'époque, furent extrêmement difficiles, mais, à force de volonté et de perspicacité, la fortune lui sourit enfin à la suite d'un coup de maître : c'est pour avoir osé, en juin 1814, alors que la paix n'est pas encore rétablie, prendre le risque d'envoyer un bateau chargé de champagne en Russie, avant tous ses concurrents, que Mme Clicquot acquit sa prestigieuse popularité dans ce pays, puis dans toute l'Europe de l'Est. Elle sera secondée, dans toutes ces démarches commerciales, par un infatigable et très dévoué voyageur de commerce, Louis Bohne. C'est, ensuite, pour avoir su choisir un associé et successeur d'une grande qualité, Édouard Werlé, que la maison de Mme Clicquot poursuivit un développement sûr et solide. Alfred Werlé, puis son gendre, Bertrand de Mun, et enfin Alain de Vogüé se succédèrent, avant que Clicquot ne rejoigne, en 1987, le prestigieux groupe LVMH, Moët-Hennessy-Louis-Vuitton. Dirigée quelques années par Joseph Henriot, c'est aujourd'hui Philippe Pascal qui est à la tête de la maison.

Canard-Duchêne

Victor-François Canard était menuisier à Ludes, où il possédait quelques vignes. Il décide, dans les années 1860, de champagniser sa récolte. Il le fait avec talent, car le succès est immédiat. Il fonde une maison en associant son nom à celui de son épouse, Léonie Duchêne. Cette maison restera familiale jusqu'à ce qu'elle soit rachetée par Veuve Clicquot. Grâce à Pascal Andriveau, qui fut longtemps le président de la maison, Canard-Duchêne a contribué à la remise au goût du jour d'une ancienne tradition champenoise : le sabrage du champagne.

Variations, extrêmement réussies, sur la fameuse étiquette jaune, qualificatif de couleur que lui donnent les amateurs avertis.

Ruinart

Commerçant en draps et étoffes, Nicolas Ruinart fait du commerce des vins son activité principale en 1729. Ruinart est donc la plus ancienne des maisons de champagne. Succédant à son père, Claude Ruinart quitte Épernay et vient s'installer à Reims, où se trouvent des crayères gallo-romaines. Irénée, le fils aîné de Claude, sera anobli par Charles X, qui en fait le seigneur de Brimont. Plusieurs générations de Ruinart se succèdent alors ; l'une développant le marché américain, l'autre le marché russe… En 1963, Ruinart fusionne avec Moët & Chandon, mais la maison est toujours restée très indépendante dans sa gestion.

Ami et confident de dom Pérignon, c'est dom Thierry Ruinart qui encouragea son neveu, Nicolas Ruinart, à se lancer dans le champagne.

Mercier

Affiche dessinée par Bellanger pour le champagne Mercier. Ci-dessous, collection d'objets publicitaires de différentes époques : salières, briquet, pyrogènes…

Habité par des projets grandioses, Eugène Mercier réalise, à l'âge de 20 ans, la réunion de plusieurs marques de champagne, sous le nom d'Union de propriétaires. Alors que beaucoup d'autres maisons développaient leurs ventes à l'étranger et vers une clientèle assez huppée, Eugène Mercier eut, dès l'origine, la volonté de rendre son champagne populaire. Il fut, entre autres, un des premiers à faire visiter ses caves au public. Peu à peu, la marque Mercier prit le pas sur toutes les autres que distribuait l'Union de propriétaires et finit pas s'imposer comme la marque française la plus connue, ce qu'elle est toujours. Sa succession fut assurée par sa descendance jusqu'en 1970, date à laquelle eut lieu la fusion avec Moët & Chandon. Un an plus tard, cette dernière créait, avec le cognac Hennessy, le holding Moët-Hennessy qui, avec Louis-Vuitton, a donné naissance, en 1987, au groupe LVMH.

Pommery

En 1839, Alexandre et Louise Pommery installent à Reims un négoce de laine. Les affaires prospèrent, lorsque les Pommery rencontrent Narcisse Greno, commissionnaire en vins. En 1856, la société Pommery & Greno voyait le jour. Se sentant malade, Alexandre Pommery se fait seconder par Henry Vasnier. Veuve à 39 ans, Louise Pommery succède à son mari, conseillée par Henri Vasnier et Narcisse Greno. En 1875, Jeanne, la fille de Louise Pommery, épouse le comte Guy de Polignac. Celui-ci sera associé aux activités de la maison, et après lui, son fils, Melchior de Polignac. Le comte Charles, puis le prince Guy de Polignac, dirigeront ensuite la maison Pommery. En 1968, les actions de la société sont introduites en Bourse. Onze ans plus tard, Xavier Gardinier, qui possédait déjà la maison Lanson, prend le contrôle de Pommery et revend, en 1984, les deux marques au groupe alimentaire BSN. Depuis 1990, Pommery a rejoint le groupe LVMH.

Pommery dispose d'un ensemble architectural exceptionnel. Conçus par Louise Pommery, ces bâtiments de style élisabéthain sont des répliques des demeures des familles d'Argyll et de Haddington, en hommage à la nombreuse clientèle anglaise de l'époque.

Cuisine raffinée, mets traditionnels plus rustiques, saveurs orientales, il n'y a pas d'interdits pour allier ce fameux goût Krug.

Krug

Originaire de Mayence, Johann Joseph Krug fut d'abord directeur de la maison Jacquesson à Châlons-sur-Marne. Puis, très vite, il décide d'élaborer du champagne selon ses méthodes et fonde sa maison en 1843. Son fils, Paul, lui succède en 1866, et c'est lui qui fit construire les bâtiments dans lesquels se trouve toujours la maison. Afin d'être sûre de pouvoir continuer à assurer la pérennité d'une marque dont elle se sent plus dépositaire que propriétaire, la famille Krug a choisi, en 1970, de se rapprocher d'un autre groupe familial, Rémy Martin. Depuis peu, Krug a rejoint le groupe LVMH. Une des règles d'or de la maison est qu'il n'y ait ni rupture ni succession brutale, mais au contraire la présence permanente de deux générations pour assurer le suivi du fameux goût Krug. Ce goût Krug qui passe, entre autres, par des vinifications en petits fûts de chêne, alors que les autres maisons ont abandonné le bois depuis longtemps.

Ancienne propriété des Le Tellier, ministres de Louis XIV, puis de Mmes Adélaïde et Sophie, filles de Louis XV, le splendide château de Louvois appartient depuis fin 1989 à la maison Laurent-Perrier.

Laurent-Perrier

Tout commence en 1812, lorsque André-Michel Pierlot, tonnelier à Ay, étend ses activités au négoce. Son fils, Alphonse, lui succède et, lorsque celui-ci décède, Eugène Laurent, son chef de cave, se retrouve son légataire universel. Eugène Laurent fait fructifier son héritage et à sa mort, en 1887, son épouse, Mathilde Perrier, va diriger vigoureusement la désormais maison Veuve Laurent-Perrier pendant trente-huit ans. Décédée en 1925, Mathilde Laurent-Perrier n'a pas d'héritier et sa marque va s'endormir tout doucement. En 1938, Marie-Louise de Nonancourt, sœur de Victor et Henri Lanson, veuve elle aussi, et mère de quatre enfants, reprend Laurent-Perrier au bord de la faillite. Le sauvetage de l'affaire est confié à Henry Gondry, ami fidèle et fondé de pouvoir de Lanson. Maurice de Nonancourt, l'aîné des enfants, lui succédera. Son fils, Bernard de Nonancourt, lui succède à partir de 1945. En 1984, Laurent-Perrier prenait une participation dans la maison Castellane, puis les champagnes Salon et Joseph Perrier. Depuis peu, cette dernière maison a été revendue à Alain Thiénot.

CHAMPAGNE
Laurent-Perrier
ESTABLISHED 1812

Salon

Cette maison microscopique par sa taille, moins de 50 000 bouteilles par an et encore seulement lorsque la qualité est suffisante pour élaborer une cuvée millésimée, mérite cependant de figurer parmi les grandes pour sa renommée. Aimé Salon, natif de Champagne et devenu un brillant acteur de la vie parisienne des années 1920, voulait simplement à l'origine, créer une cuvée pour ses amis et relations. Le premier millésime connu est le 1911 et, depuis, chaque millésime fait véritablement frissonner les amateurs avertis de Champagne.

Castellane

Issu de l'une des plus anciennes familles de France, Florens, vicomte de Castellane, fonde sa propre maison de champagne en 1895. Quelques années plus tard, ne souhaitant plus l'exploiter, il cède sa marque à l'Union champenoise, dirigée par Fernand Mérand. C'est lui qui fera édifier l'impressionnant ensemble architectural qui existe toujours aujourd'hui. À la fin des années 60, Castellane connaît une période de léthargie dont elle ne sortira qu'en 1983, grâce à l'arrivée d'un président dynamique, Hervé Augustin, et à l'appui de la marque Laurent-Perrier.

Depuis le début du siècle, Castellane fait régulièrement dessiner des affiches sur le thème de la croix rouge de Saint-André, symbole qui barre son étiquette. Ci-dessus, à gauche, le grand Cappiello, à droite, Savignac et ci-contre, Ty Wilson.

Depuis longtemps, la maison Abelé collabore avec des artistes peintres dont les œuvres sont reproduites sur les plaques de muselets. Avis aux collectionneurs, chaque série n'est tirée qu'à mille exemplaires.

Henri Abelé

Avant d'être Abelé, cette maison fut fondée sous son nom, en 1757, par Théodore Vander Veken. Son fils la cédera à son neveu, Auguste Ruinart de Brimont, qui s'associe avec son beau-frère, Antoine de Muller. En 1837, ce dernier engage François Abelé de Muller, qui est tout à la fois son neveu et son gendre.

Après cinq années de collaboration, les deux hommes se séparent et François Abelé fonde sa propre maison. Son fils, Henri Abelé, lui succède en 1876, déménage la maison à Reims, puis aura l'occasion, trente ans plus tard, de réunir les deux maisons Abelé et Vander Veken. Un temps possédée par la Compagnie française des grands vins, Abelé appartient aujourd'hui à Freixenet, premier producteur mondial de vin mousseux de qualité.

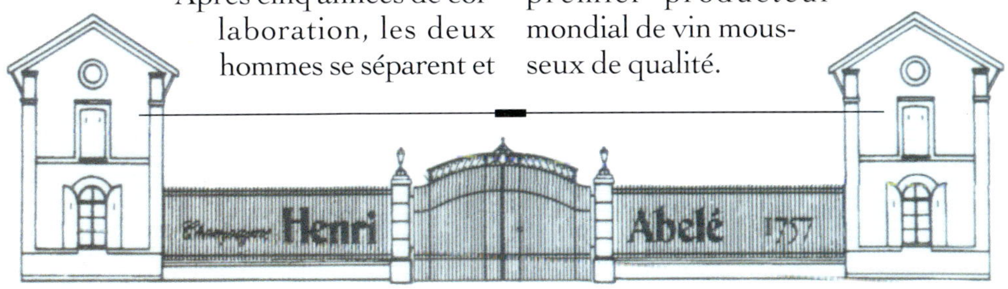

Double page suivante : deux dessins réalisés par Massonet en 1933 et faisant partie d'une série évocatrice des grands moments privilégiés de consommation du champagne.

Duval-Leroy

Née, en 1859, de la fusion de deux petites maisons, celle de Jules Duval et celle d'Édouard Leroy, Duval-Leroy a été dirigée par plusieurs générations de Duval : Henri-Constant, Jules, Raymond, Roger. C'est sous l'impulsion de ce dernier que la marque s'est le plus développée et que fut constitué un magnifique vignoble dans la Côte des Blancs. Logiquement, le flambeau fut repris par Jean-Charles Duval, mais sa mort prématurée laissa penser que la maison serait vendue. Ce ne fut pas le cas, car son épouse, Carol, d'origine belge, décida de succéder à son mari. Se familiarisant peu à peu avec tous les aspects d'une telle tâche, elle dirige aujourd'hui de main de maître une maison très sympathique qui joue dans la cour des grandes marques.

Fleur de Champagne, la dernière-née des cuvées de la maison Duval-Leroy.

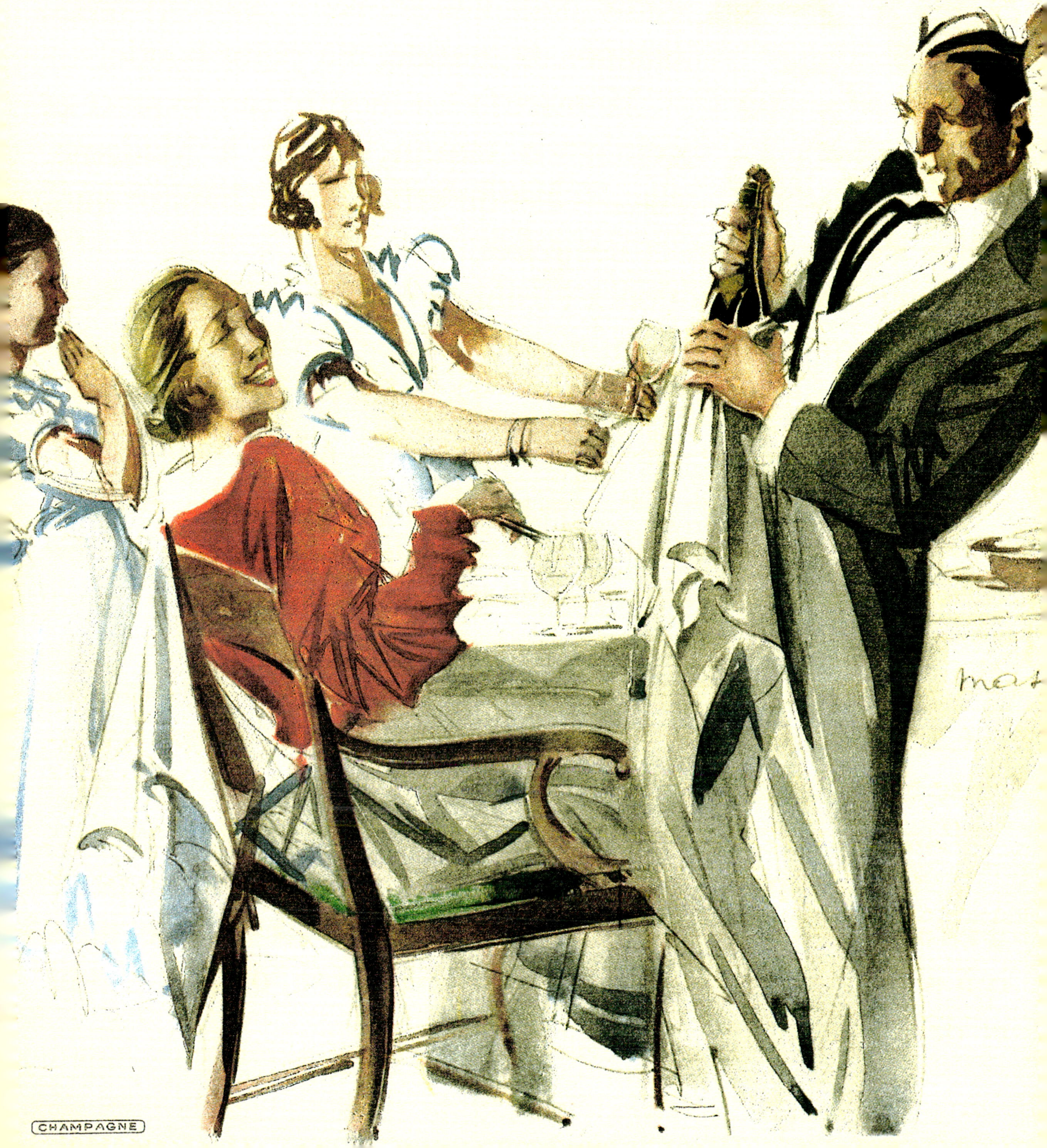
CHAMPAGNE

Très bien implantée aux États-Unis depuis longtemps, Piper-Heidsieck a séduit le cinéma américain (ci-dessus Laurel et Hardy) et a poursuivi cette action avec le cinéma français (ci-dessous, Leslie Caron et Michel Jourdan).

Piper-Heidsieck

Florent-Louis Heidsieck, fils d'un pasteur luthérien de Westphalie, décide de venir s'installer à Reims en 1777 pour y faire le commerce de draps. Mais il y découvre très vite une activité plus intéressante : celle du vin de Champagne. Il fonde alors, en 1785, la maison Heidsieck et fait appel à quatre de ses neveux pour développer ses affaires : Frédéric Delius, Henri-Louis Walbaum, Christian Heidsieck et Charles-Henri Heidsieck. C'est le fils de ce dernier qui fondera plus tard la maison Charles Heidsieck. En 1815, Henri-Louis Walbaum fait à son tour appel à l'un de ses neveux, Henri-Guillaume Piper. Quelques années après la mort de Florent-Louis Heidsieck (1830), des dissensions apparaissent entre les associés et chacun décide de reprendre sa liberté. Henri-Louis Heidsieck, un des cousins, fondera plus tard la maison Heidsieck Monopole et Christian Heidsieck reprend la marque Heidsieck, en compagnie de Henri-Guillaume Piper. Logiquement, la maison deviendra alors Piper-Heidsieck. Depuis octobre 1988, la maison a été acquise par le groupe Rémy-Martin, qui possédait déjà Charles Heidsieck depuis 1984.

« To Piper, my favorite », c'est avec ces mots que Marilyn dédicaça cette photo. Elle aimait à dire que ce champagne « donnait de la chaleur à son corps ».

Charles Heidsieck

Petit-neveu de Florent-Louis Heidsieck (voir Piper-Heidsieck), Charles Heidsieck s'associe en 1851 à son beau-frère, Ernest Henriot. Doté d'une personnalité très originale, Charles Heidsieck se lança à l'assaut de l'Amérique du Nord. Ses voyages furent des succès : les journaux de l'époque relataient avec force détails ses réceptions, activités commerciales et moindres faits et gestes. C'est là qu'il acquit le surnom de « *Charlie our Champagne Man* », qui se transforma en diminutif plus affectueux de *Champagne Charlie*. Mais ces quelques années dorées ne durèrent pas et la guerre de Sécession ruina Charles Heidsieck. Malgré tout, ses affaires furent reprises par ses descendants, puis, en 1976, Joseph Henriot réunit les deux marques familiales, sous le nom de Charles-Heidsieck-Henriot. Ces retrouvailles seront d'assez courte durée puisqu'en 1985, Henriot rejoint le groupe LVMH (dont elle ne fait plus partie aujourd'hui), tandis que Charles Heidsieck était reprise par Rémy-Martin. Ironie de l'Histoire qui a voulu que Charles et Piper, comme on les nomme familièrement en Champagne, soient maintenant réunies après plusieurs décennies d'existence indépendante.

Portrait de Charles Heidsieck dans les salons de réception de la maison.

Célèbre dessin de Sem pour des menus de la maison Heidsieck-Monopole.

Heidsieck-Monopole

Lorsque est dissoute, en 1834, la société fondée par Florent-Louis Heidsieck, les quatre cousins qui en étaient les actionnaires se lancent chacun dans des activités nouvelles. Louis-Henri Walbaum s'associe avec son beau-frère, Auguste Heidsieck, et fonde la marque Walbaum-Heidsieck, qui deviendra plus tard Heidsieck-Monopole. Faute d'héritiers intéressés, la marque sera vendue en 1923 à la chaîne de magasins « Le Comptoir français », où elle demeurera jusqu'en 1972, date à laquelle Heidsieck-Monopole rejoint la maison Mumm, filiale du groupe canadien Seagram. Désormais, cette marque appartient au groupe Vranken, qui possède par ailleurs les marques Charles Lafitte, Demoiselle, Collin et Vranken.

Perrier-Jouët

Avant de fonder sa propre maison de champagne, Pierre Perrier, époux d'Adèle Jouët, fabriquait des bouchons de champagne. Il lança sa propre marque en 1811 et s'installa dans les locaux actuels dès 1813. Succédant à son père, Charles Perrier-Jouët développa considérablement la maison, en même temps qu'il fut un des grands maires d'Épernay. N'ayant pas d'héritier, sa succession fut prise par son neveu, Henri Gallice, en 1879. À partir de 1917, Henri Gallice organisa sa succession et engagea deux cogérants : Alexandre Girard-Amiot, qui dirigea la maison jusqu'en 1933, et Louis Budin, son beau-frère, qui prit la présidence de la société à partir de 1934. En 1959, Michel Budin prenait la tête de l'entreprise et, la même année, Mumm en devenait actionnaire majoritaire, étant elle-même incluse dans le groupe canadien Seagram. Aujourd'hui, la société est dirigée par Thierry Budin.

Bouteille originale qui avait été conçue par Émile Gallé en 1902. C'est en 1969 que fut lancée la cuvée Belle Époque, s'inspirant largement du modèle du début du siècle.

Mumm

La célèbre dénomination de Cordon rouge fut inventée en 1900. Selon les époques, elle a été déclinée dans de nombreuses couleurs (vert, rose, bleu…).

La maison fut fondée en 1827 par les trois fils d'un négociant en vins de Cologne, Arnold Mumm, et Friedrich Giesler. Dix ans plus tard, ce dernier quitte l'association et une autre société voit le jour dans laquelle entrent Jules et Édouard-Frédéric, neveux des fondateurs initiaux. Cette association durera une quinzaine d'années. À la mort de Théophile Mumm interviennent des désaccords entre les héritiers, qui décident de se séparer. Cette séparation donna naissance, en 1852, à deux nouvelles sociétés, G.-H. Mumm et Jules Mumm. Cette dernière cessera en 1903 et son actif sera repris par G.-H. Mumm. Bien qu'installée en France, la famille Mumm est restée allemande, la société est donc mise sous séquestre en 1914, puis vendue par adjudication en 1920. Elle est acquise par un groupement d'industriels à la tête duquel se trouvait René Lalou. Il sera président de la société jusqu'en 1973. À partir de 1955, le groupe canadien Seagram prit une participation dans la maison Mumm, puis le contrôle total par la suite. Dans le même temps, Mumm prenait le contrôle de Perrier-Jouët et acquérait Heidsieck-Monopole, revendue depuis au groupe Vranken.

C'est à la demande du tsar Alexandre II, qui souhaitait que les bouteilles de Roederer se distinguent des autres vins de champagne, que fut créée la fameuse cuvée Cristal, dont le flacon est en verre transparent.

Roederer

La famille Dubois fonde cette maison en 1776 et la cède presque aussitôt à Nicolas Schreider. Celui-ci fit venir, en 1827, son neveu Louis Roederer, qui devint son successeur en 1833. Choisissant d'exploiter la maison sous son propre nom, il la développera énormément, puisqu'il vendait déjà deux millions et demi de bouteilles par an, comme aujourd'hui. À la mort de Louis Roederer père, son fils, Louis Roederer, lui succède. Il sera le créateur de la célèbre cuvée Cristal. Louis Roederer disparaissant prématurément, sa sœur et son fils, puis l'épouse de ce dernier, dirigeront la maison. Roederer est restée une maison familiale qui a acquis récemment la maison Deutz à Ay.

En 1989, trois jeunes musiciens du London Symphony Orchestra, Paul Edmund-Davis, flûtiste, Roy Carter, pianiste, et John Alley, hautboïste, décident de se produire sous le nom de Deutz Trio, allusion à leur champagne préféré. Depuis, des relations privilégiées sont nées entre eux et la maison Deutz.

Deutz

Deutz fait partie, comme Heidsieck ou Krug, de ces maisons fondées par des négociants d'origine allemande. Elle est le fruit de l'association de William Deutz et de Pierre Geldermann, tous deux originaires d'Aix-la-Chapelle. À la troisième génération, c'est un des gendres qui assurera la relève : René Lallier, qui prendra la décision de désintéresser l'ensemble des héritiers afin d'éviter un émiettement du capital. Jean, puis André Lallier assureront le développement de la maison, notamment en acquérant et en installant des vignobles dans d'autres régions que la Champagne. Depuis peu, le contrôle de Deutz a été pris par la maison Roederer.

Pol Roger

Originaire d'Ay, Pol Roger s'installe, en 1849, à Épernay. Dès l'origine, il choisit de porter ses efforts sur la Grande-Bretagne. Ses deux fils, Maurice et Georges, qui transformèrent leur patronyme en accolant les prénom et nom de leur père, lui succèdent et devront faire face, en 1900, à une épouvantable catastrophe : l'effondrement de leurs caves sur cinq cents fûts de vin et plus d'un million de bouteilles. La maison se relèvera pourtant de ce désastre et confortera, à la génération suivante, son développement en Grande-Bretagne et dans les pays du Commonwealth. Les hommages appuyés que sir Winston Churchill ne manqua pas de rendre à la marque sont la meilleure illustration de cette réussite. Demeurée familiale, la maison est toujours dirigée par les descendants directs du fondateur.

Pol Roger
CHAMPAGNE

Ami de la famille, Winston Churchill, ci-contre en compagnie d'Odette Pol Roger, avait même donné le nom de son champagne préféré à l'un de ses chevaux. Ci-dessus, le cheval Pol Roger et un télégramme, simplement signé Winston, annonçant une victoire de son poulain.

Le siège social de Bollinger, une des maisons installées dans le village d'Ay, près d'Épernay. Derrière ce bâtiment se trouve une parcelle de vignes franches.

Bollinger

S'appuyant sur un petit vignoble que possédait sa belle-famille, les comtes de Villermont, Jacques Bollinger fonde sa maison en 1829. Deux générations plus tard, Jacques et Edgar Bollinger et leur cousin, Pierre Moret de Rocheprise, aménageront le célèbre vignoble de la Côte-aux-Enfants. À la mort de Jacques Bollinger, en 1941, son épouse Élisabeth, plus connue sous le prénom de Lily, dirigera la maison jusqu'en 1972. Elle ouvrit de nombreux marchés nouveaux et fut une des grandes dames de la Champagne. N'ayant pas eu d'enfants, elle choisit de s'entourer de trois de ses neveux, Claude d'Hautefeuille, Yves Moret de Rocheprise et Christian Bizot, qui seront vite secondés par Michel Villedey et Ghislain de Montgolfier.

Taittinger

Taittinger est issue de l'une des plus anciennes maisons de champagne, fondée en 1734 par Jacques Fourneaux. En février 1806, Jérôme-Alexandre Fourneaux fusionne ses affaires avec celles de… Mme veuve Clicquot ! En effet, celle-ci, veuve depuis peu, avait décidé de poursuivre les affaires de son mari. Une société Clicquot-Fourneaux avait donc été créée, qui durera jusqu'en 1810. À cette date, chacun reprend sa liberté et Jérôme-Alexandre Fourneaux s'associe avec son gendre, Antoine Forest. La société se développa donc sous le nom de Forest-Fourneaux, avec l'arrivée d'associés divers. À partir de 1931, la maison est transformée en société dont Pierre Taittinger deviendra l'actionnaire majoritaire en 1936. La raison sociale devient alors Taittinger et s'installe dans ses locaux actuels. En 1942, François Taittinger succède à son père et c'est lui qui ébauchera les diversifications. À la suite du décès accidentel de son frère, Claude Taittinger devient président en 1960 et c'est lui qui accélérera les prises de participations diverses : dans les maisons Bouvet-Ladubay, à Saumur, Monmousseau, en Touraine, dans des imprimeries, des chaînes hôtelières, etc.

Depuis 1983, Taittinger édite des bouteilles de collection. La première, au centre, fut conçue par Vasarely. En haut, Roy Lichtenstein et, en bas, Vieira da Silva. La collection comporte neuf flacons.

Alain Thiénot

Cette maison a le rare privilège d'être la seule à porter le nom de son fondateur, et que celui-ci soit l'un de nos contemporains. Issus d'une famille où l'on était notaires de père en fils, Alain Thiénot préféra cependant se diriger vers la vigne : ayant eu l'opportunité de reprendre le portefeuille d'un courtier en vins, c'est ainsi qu'il eut l'occasion de se passionner pour le vin de champagne. C'était en 1976. Depuis, d'achats de vignes en coups de cœur, est né le champagne Castille, d'abord, devenu Alain Thiénot ensuite. Puis, plus récemment, intervinrent le rachat du champagne Marie-Stuart puis de la maison Joseph Perrier, rachetée à Laurent-Perrier. Mais son développement, Alain Thiénot l'a aussi poursuivi dans le Bordelais avec les château Rahoul et La Garance, dans les Graves, et le château de Ricaud à Loupiac.

MOTOR AGE

Champagne, Castor Oil and Gasoline

The Liquid Ingredients in M. Jules Goux' Victory

By J. C. Burton

« Sans le bon vin, je ne serais pas été en état de faire la victoire. » C'est ainsi que débute – en français dans le texte – l'article paru le 5 juin 1913 après la victoire de Jules Goux à Indianapolis. Plus loin, on peut y lire que Jules « siffla » pas moins de six bouteilles ce jour-là !

Trois champions de Formule 1, une seule manière de boire le champagne de la victoire : de haut en bas, l'Américain Phil Hill, le Britannique Tony Brooks et Dan Gurney, un autre Américain.

En 1936, Tazio Nuvolari remporta – sur Alfa Romeo – la coupe Vanderbilt, disputée sur le circuit de Mineola, près de New York. À l'arrivée, l'agent général de Moët & Chandon aux États-Unis lui offre le double magnum du vainqueur.

Pas de Victoire sans champagne !

Jimmy Clark – l'Écossais sera deux fois champion du monde de Formule 1, en 1962 et 1965 – vient de remporter le Grand Prix de l'ACF 1963, disputé au pays du champagne, sur le circuit de Reims.

Le champagne a longtemps présidé à l'arrivée des courses automobiles, de manière informelle. Jules Goux, à Indianapolis, en 1913, en a fait une éclatante démonstration en remportant la victoire (sur Peugeot), et en déclarant à l'arrivée que sans ce breuvage – dont il buvait une grande rasade à chaque ravitaillement en carburant –, il n'aurait pas remporté la course!

Mais c'est en 1966 et sur le circuit du Mans que la tradition du jet de champagne s'est instituée, de manière fortuite. C'est Jean-Marie Dubois, l'homme de communication de Moët & Chandon, qui dirigea les opérations, mais, dans son organisation, il n'était pas question d'arroser la foule. Henry Ford II devait simplement remplir une grande coupe de champagne pour Bruce McLaren et Chris Amon, vainqueurs toutes catégories cette année-là... sur Ford. Premier à l'indice de performance sur Porsche, Joseph Siffert avait lui aussi en main un double magnum de Moët, dont Jean-Marie Dubois avait, comme aux autres, enlevé le musclet. Mais en juin, au Mans, il fait chaud et c'est le bouchon du double magnum de Siffert qui sauta, sans prévenir, avant que l'industriel américain n'ait eu le temps de verser le délicieux breuvage dans la coupe. Le pauvre Siffert, terriblement gêné, eut le réflexe « maladroit » de mettre son pouce sur sa bouteille écumante... Depuis cette date, tous les podiums de sport automobile se terminent sous des jets de champagne. Merci, Jo Siffert !

Le Mans 1966. C'est ici que tout commença. Jo Siffert ne va pas tarder à inaugurer le jet d'écume sur les journalistes et les spectateurs les plus proches.

Jackie Stewart au Grand Prix de France 1969.

Double page suivante : en 1985, au Portugal, Ayrton Senna signait sa première victoire en Grand Prix. Sous des trombes d'eau. Le champagne est venu plus tard.

MOËT
MOËT
MOËT
MOËT

stand21
elf
GOODYEAR
MOËT
CHANDON

Paroles et musiques

La fin du XVIIIe siècle et le début du XIXe siècle ont produit beaucoup de chansons à succès dont le champagne est le héros principal. Désaugiers, Béranger et, un peu plus tard, Paulus, en furent notamment les auteurs. Mais Paris ne fut pas le seul foyer pour ces pétillantes créations : les scènes londoniennes connurent aussi des artistes qui jouissaient d'une grande popularité. Ainsi Vance, surnommé *The Great Vance*, remporta un fameux succès avec sa chanson *Clicquot*, tout comme Leybourne qui devint si célèbre avec sa chanson *Champagne Charlie* qu'elle devint même son surnom jusqu'à la fin de sa vie ! D'autres artistes plus anonymes ne manquèrent pas non plus d'entonner sur tous les rythmes, valses, polkas, romances et autres mazurkas, des chansons à la gloire du champagne. La qualité des textes n'est pas toujours au rendez-vous mais la gaieté n'y faiblit jamais ! Toutes ces œuvres sont immortalisées sur ce que l'on appelle les petits et les grands formats, ces partitions de musique dont les couvertures sont quelquefois à elles seules de véritables petits chefs-d'œuvre.

« L'univers entier le proclame,
Des grands vins le champagne est roi.
De tous nos plaisirs il est l'âme,
Sur le monde, il étend sa loi.
Avec raison, chacun le fête,
Car il est le philtre enchanteur
Qui nous met la folie en tête
Et nous verse l'amour au cœur.
Salut à toi vin de cocagne
Qui nous donne l'esprit, l'humour.
Vin de l'oubli, vin de l'amour.
Salut, salut à toi, champagne. »

LA VALSE DU CLIQUOT
CHANSON
LOUIS RAYNAL
PIANO
CLICQUOT.
WRITTEN BY
FRANK W. GREEN.
J. RIVIÈRE.
THE GREAT VANCE.
LONDON
HOPWOOD & CREW, 42, NEW BOND STREET
1838

« S'il en est qui tendent leur verre
Aux vins de Beaune et de Tonnerre,
Moi, j'aime les brillants rubis
De la Champagne où je naquis.
Lorsque je bois ces perles blondes
Ainsi que dans un carnaval
Je vois à travers le cristal
Passer les femmes des deux mondes. »

« Ça m'émoustille !
Et je pétille !
Oui, je pétille !
Nom d'un pompon !
Ça m'émoustille !
Et je pétille !
Comme un flacon
D'Moët et Chandon ! »

LA GUERRE DES CHANSONS

Certaines de ces chansons remportèrent un tel succès que l'on assista entre les maisons de champagne en vogue à l'époque à une sorte de guerre, quoique toute pacifique. À chacune de guetter quel chansonnier célèbre était sur le point d'écrire une nouvelle chanson afin d'envoyer, à point nommé, un panier de champagne et se retrouver ainsi la vedette du refrain. La maison Saint-Marceaux, aujourd'hui disparue, excella à ce petit jeu et de nombreuses partitions portent son nom.

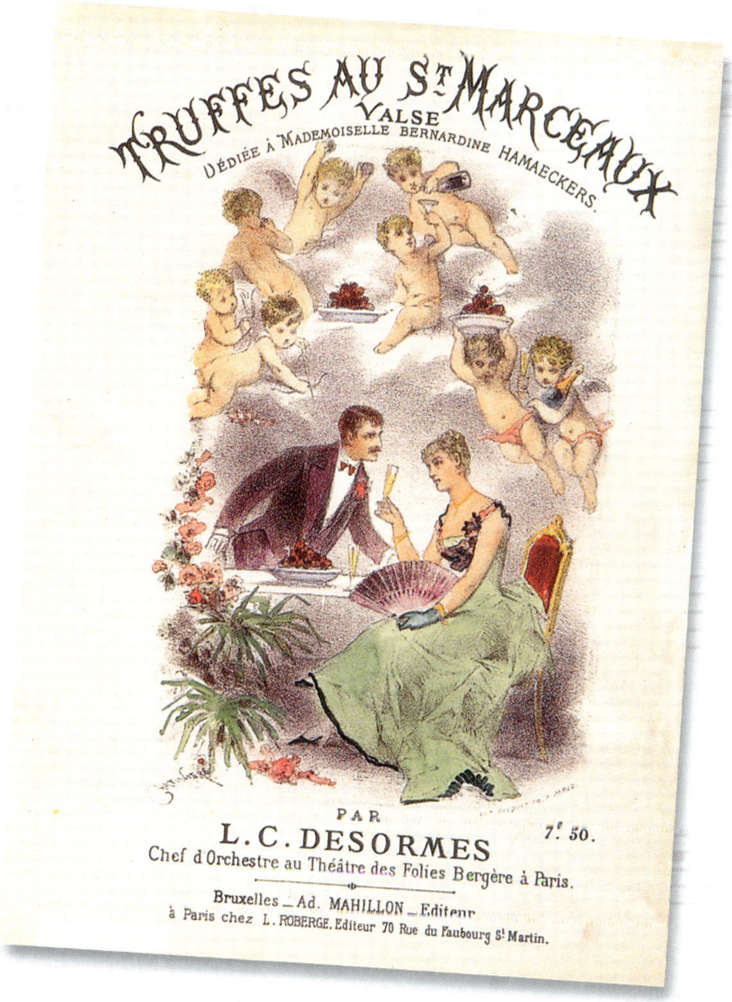

« L'hiver nous a quittés,
Voici revenir l'été,
Là-bas sous la tonnelle,
Chante une ritournelle.
Allons-y faire un tour,
Ce n'est pas tous les jours
Que l'amour nous accompagne.
Ce soir, offrons-nous du champagne. »

Refrain :
« Il pétille dans nos verres
Ce champagne troublant.
Ne fais pas de manières,
On n'a pas tous les jours vingt ans.
Sa mousse est plus légère
Que la rosée du printemps.
Il pétille dans nos verres,
Dans tes yeux mon cœur,
C'est le vin du bonheur ! »

Tchin-tchin !

Ci-contre à gauche, coupes pour Michel Simon et Arletty dans Fric-Frac, *de Claude Autant-Lara. Flûte pour Brigitte Bardot en 1969, ci-contre à droite. Ci-dessous à gauche, verre à mi-chemin entre la coupe et la flûte pour Khrouchtchev. En dessous, Gina Lollobrigida buvant dans ce fameux verre pomponne, en 1963, au gala de l'Union des artistes. Et simple... verre ballon, ci-dessous à droite, pour Cary Grant et Kim Novak, à Cannes en 1960.*

De nos jours, le champagne se boit dans des flûtes ou des verres tulipes, qui laissent monter les bulles, s'épanouir la mousse et surtout permettent de profiter pleinement du bouquet du vin. Les coupes, pourtant pleines de charme, que l'on utilisait jusque dans les années 60, présentent en effet l'inconvénient de laisser s'échapper les arômes trop vite et la mousse s'y évanouit rapidement. En matière de verre, il existe en Champagne une curiosité, qui est le pomponne : une flûte sans jambe et sans pied qui se termine par un anneau ou une petite boule de verre. Son origine est mystérieuse, probablement pas très ancienne, mais ce qui est certain, c'est que l'on ne peut le poser que vide et à l'envers !

Et Bonne Année !

Symbole de la fête sous toutes ses formes, le champagne est bien entendu le vin roi des changements d'année, lorsqu'il ne s'agit pas du passage d'un siècle à l'autre, voire d'un changement de millénaire ! À la minute fatidique du passage de 1999 à 2000, trois cent dix millions environ de bouchons de champagne sauteront dans le monde, ou auront sauté, selon la date à laquelle vous lirez cet ouvrage. Songez seulement qu'au cours de l'année 1900, il se vendit près de trente millions de bouteilles. On passe à trente-trois millions pour l'année 1950, cinquante millions dix ans plus tard, tandis que le cap des deux cents millions de bouteilles sera franchi en 1986.

Autre tradition liée à la nouvelle année, les cartes de vœux : il était donc naturel qu'à un moment ou à un autre, ces cartes rencontrent le champagne. Dans ce domaine, les éditions les plus amusantes datent du début du siècle : certaines n'échappent pas à des clichés aujourd'hui (presque) révolus, d'autres présentent des scènes que l'on n'oserait plus montrer aujourd'hui, et notamment avec des enfants, d'autres enfin ont des graphismes étonnants. Publicitaires ou anonymes, en voici un florilège.

1

CHAMPAGNE
FORTIN PÈRE & FILS

CHAMPAGNE
E. MERCIER & Cie
EPERNAY

CHAMPAGNE
MOUSSEUX
EPERNAY
FOIE GRAS
STRASBOURG
7. CE QUI FAIT MON BONHEUR

CHAMPAGNE
E. MERCIER & Cie
EPERNAY

Nous buvons à votre santé
en vous souhaitant une Bonne Fête

Bonne Année

Présents du nouvel an, soyez nos interprètes
De leur constant bonheur soyez les bons prophètes

STEBBING ph.

Joyeux Noël

Amitiés
IV _ Boire le champagne de Monsieur !

CHAMPAGNE
REIMS
EUG. GAROT

Table des matières

Quand le bouchon de champagne devient un porte-bonheur : glissez une belle pièce dans le bouchon d'une bouteille bue lors d'une occasion exceptionnelle et conservez ce porte-bonheur dans votre environnement immédiat.

Crédits photographiques

Toutes les photos de cet album sont de Dominique Pascal sauf :

Collection CIVC : p. 4 (Jean-Paul Paireault), p. 6, pp. 20-21 (Visuel Impact), pp. 26-27, pp. 32-33 (Fulvio Roiter), pp. 34-35 (John Hodder), p. 44 (en bas à droite, Frédéric Hadengue), p. 45 à droite (en haut, Michel Hetier) (au centre, Valérie Dubois) (en bas, John Hodder), p. 48 (trois photos de droite, John Hodder), p. 54 (à droite, John Hodder), p. 55 (à gauche, Frédéric Hadengue) (à droite, Visuel Impact), p. 58 (en bas à droite, Jean-Paul Paireault), p. 59 (au centre et en bas), pp. 62-63 et photo de fond (John Hodder), p. 67 (à droite, Tor Eigeland), pp. 70-71, p. 79 (à droite au centre et en bas), p. 80 (en haut à droite, Rohrscheid) (en bas à gauche, Jean-Paul Paireault), p. 81 (en haut Jean-Paul Paireault) (en bas, Rohrscheid), pp. 82-83 (Rohrscheid), p. 87, p. 108 (Visuel Impact), p. 110 (Visuel Impact), p. 112, p. 113 (Visuel Impact), p. 136 (photo de fond, Patrick Guérin), p. 137 (en bas à gauche) ;

Champagne Ruinart : pp. 10-11, p. 116 (en haut) ;

Photothèque Veuve Clicquot : p. 13 (en haut), pp. 30-31, pp. 38-39 et pp. 40-41, p. 58 (au centre), p. 74 (en bas à gauche), pp. 84-85, p. 96 (en haut à gauche), p. 115, p. 132 (en haut à gauche) ;

Archives Moët et Chandon : p. 18 (en bas), p. 57 (en haut et en bas), p. 58 (en haut), p. 59 (en haut à gauche), p. 66 (en bas), p. 68 (en bas à gauche), p. 75, pp. 76-77, pp. 78-79 (photo de fond), p. 88 (à gauche), pp. 94-95, p. 97 (en haut), p. 100 (au centre à gauche), p. 114, p. 128 (en bas à gauche), p. 137 (à gauche au centre et à droite) ;

Champagne Krug : p. 69 (en haut) ;

Champagne Roederer : p. 69 (en bas) ;

Champagne Piper-Heidsieck : p. 79 (en haut), p. 80 (à gauche en haut), p. 122 ;

Champagne Charles Heidsieck : p. 80 (à droite en bas), p. 123 (en haut), p. 132 (à gauche en bas) ;

Champagne Henri Abelé : p. 92 (en haut) ;

Champagne Canard-Duchêne : p. 92 (en bas) ;

Champagne Mumm : p. 97 (en bas à droite), p. 137 (en haut à gauche) ;

Champagne Mercier : p. 101 (en haut, au centre), p. 137 (en haut à droite) ;

Champagne de Castellane : p. 118 (en bas) ;

Union des maisons de champagne : pp. 120-121 ;

Champagne Pol Roger : p. 126 (en haut) ;

Champagne Taittinger : p. 127 (en haut) ;

Bernard Asset : pp. 130-131.

Remerciements

Les auteurs tiennent à remercier chaleureusement Brigitte Bâtonnet, documentaliste du Comité interprofessionnel du vin de Champagne, et André Enders, son directeur ; la maison Veuve Clicquot, Marie Grandcolas et Filipa Tiago ; la maison Moët & Chandon, Marie-Aude Izquierdo et le service de documentation ; la ville d'Épernay, Francis Leroy, directeur du patrimoine ; la médiathèque d'Épernay et sa directrice, Mme de Sainte-Mariville ; ainsi que Yves Lombard, directeur de l'Union des maisons de champagne et toutes les maisons de champagne qui ont répondu à nos demandes de documentation et de matériel.

Conçu et réalisé par Copyright pour les Éditions Solar
Conception graphique : Ute-Charlotte Hettler en collaboration avec Claire Brenier
Maquette : Lélie Carnot
Direction éditoriale : Frédérique Crestin-Billet

(champagne)

Nous ne pouvons rien trouver sur la terre,
Qui soit si bon, si beau que le verre.
Du tendre amour berceau charmant,
C'est toi, champêtre fougère,
C'est toi qui sert à faire
L'heureux instrument
Où souvent pétille,
Mousse & brille
Le jus qui rend
Gai, riant,
Content.
Quelle douceur
Il porte au cœur !
Tôt,
Tôt,
Tôt,
Qu'on m'en donne,
Qu'on l'entonne.
Tôt,
Tôt,
Tôt,
Qu'on m'en donne
Vite comme il faut.
L'on s'y voit, sur ses flots chéris,
Nager l'allégresse & les ris.

Vaudeville de Panard (1674-1765)